Luchterhand
Theater

Aus dem bürgerlichen Heldenleben

Carl Sternheim
Der Snob
Komödie

Luchterhand
Literaturverlag

Der Text folgt der Ausgabe: Carl Sternheim Gesamtwerk, Band I, Herausgegeben von Wilhelm Emrich, Neuwied 1963.

© 1963, 1990, 1995 by Luchterhand Literaturverlag GmbH, München /
Alle Rechte vorbehalten / Umschlagentwurf: Peter Hassiepen / Satz:
Uhl + Massopust, Aalen / Druck: Wagner GmbH, Nördlingen / Printed in
Germany / ISBN 3-630-86905-x

Der Snob

PERSONEN

Theobald Maske
Luise Maske, *seine Frau*
Christian Maske, *sein Sohn*
Graf Aloysius Palen
Marianne Palen, *seine Tochter*
Sybil Hull
Eine Jungfer
Ein Diener

Der erste Aufzug

Möbliertes Zimmer Christian Maskes.

Erster Auftritt

CHRISTIAN *erbricht einen Brief* Das ist grotesk!
An der Tür Komm heraus, Sybil.

SYBIL *tritt auf* Was gibt's Wichtiges?

CHRISTIAN Mein Vater im sechzigsten Jahr hat sich einen
Bastard geleistet. In der Klemme verlangt er »Verausla-
gung der durch geburtshilfliche Praktiken ihm erstandenen
Verpflichtungen« von mir. Was sagst du?

SYBIL Nichts, als ich möchte durch dich in gleicher Lage wie
jene Frau durch deinen Erzeuger sein.

CHRISTIAN Laß die Albernheiten. Es ist himmelschreiend
und wird von mir aus ein unerwartetes Gegenspiel haben.
Ferner – ich habe auch mit dir zu reden.

SYBIL Ich muß heim.

CHRISTIAN Der gestrige Tag war in meinem Leben ein Ab-
schnitt. Vier Jahre, die du mit mir lebst, sahst du mich von
Tag zu Tag meinem Ziel näher kommen.

SYBIL Du hast wie ein Neger gearbeitet.

CHRISTIAN Die unter meiner Mitwirkung gegründeten afri-
kanischen Minen prosperieren, es ist kein Zweifel, der
gestern in der Sitzung des Aufsichtsrats gemachte Vorschlag, mich zum Generaldirektor der Gesellschaft zu er-
nennen, wird von den Aktionären akzeptiert.

SYBIL Welcher Erfolg!

CHRISTIAN Ich besitze heimlich ein Fünftel der Aktien, die

7

ich kaufte, als sie niemand mochte. Was ich, nunmehr im Sattel, an Möglichkeiten des Vermögens und sozialer Stellung für mich voraussehe, ist glänzend.

SYBIL Wer wies zuerst auf deine kaufmännischen Talente, machte dem traurigen Studium der Philologie ein Ende?

CHRISTIAN Du hobst mich aus tiefstem Elend, lehrtest mich Kleider anständig tragen, gabst mir, soweit es in deiner Macht stand, Umgangsformen.

SYBIL Was warst du für eine Erscheinung in zu kurzen Hosen und ausgefransten Ärmeln!

CHRISTIAN Gabst dich selbst und Geld bisweilen.

SYBIL Entscheidendes zuletzt – mich selbst. Lebenssache.

CHRISTIAN Ganz klar möchte ich einmal vor uns beide hinstellen, wie tief ich dir verpflichtet bin; an so entscheidendem Tag zurückblicken...

SYBIL Laß das.

CHRISTIAN Voll Dankbarkeit, um mich alsdann zu vergleichen und es für immer zu vergessen.

SYBIL Das wäre bequem.

CHRISTIAN Ich trete in kein neues Viertel meines Lebens, ohne daß aus dem vergangenen die Schuld bezahlt ist. In dieses Buch habe ich nach bestem Wissen und Gewissen aufgezeichnet, was du an Aufwendungen für mich geleistet. Dazu wurde die Summe fünfprozentig von mir verzinst.

SYBIL Christian!

CHRISTIAN Möglichkeiten, die du durch den Umgang mit mir versäumtest, sind ins Auge gefaßt, und ich kam auf eine Summe von vierundzwanzigtausend Mark, die ich dir schulde, und die du heut überwiesen erhältst.

SYBIL *nach einer Pause* Mit Empfindlichkeiten zu kommen...

CHRISTIAN Die du selbst in entscheidenden Dingen mir ab-

8

erzogen, mit eisernem Besen aus mir herausgekehrt hast. Heut ist Abrechnung. Kein Fehler in der Addition und im Kalkül! Unsere Beziehungen im Vergangenen sind durch meine wirtschaftliche Gebundenheit in ihrem largen Charakter erklärt. Für die Zukunft hätte ich solche Begründung vor mir selbst nicht mehr. Den nötigen Glauben an die Wirklichkeit meiner neuen Stellung zu haben, muß sich mit ihr alles um mich entsprechend ändern. Entweder du ziehst diesen Schluß der Vernunft...

SYBIL Er heißt?

CHRISTIAN Wie sage ich es? Einfach mehr Distanz in Zukunft. Die genannte Summe und eine monatliche Apanage zwischen uns gesetzt, sorgen dafür.

SYBIL Ich bin in Empfindungen zerrissen.

CHRISTIAN Du weißt, ich habe nach deinen Lehrsätzen recht. Nur schmerzt es, sie auf dich angewendet zu sehen. Ich trete in öffentliches Leben. Nirgends ein Fehler im Kalkul.

SYBIL Die Welt gestattet dir zwar eine bezahlte...

CHRISTIAN *hält ihr den Mund zu* Und so weiter.

SYBIL Bin ich in deinem Leben der einzige Punkt, der für die Zukunft bedenklich ist? Gibt es nichts, das dich entscheidender in deinem Trieb, bürgerliches Ansehn zu gewinnen, stören könnte als ich in bisheriger Stellung zu dir?

CHRISTIAN Du weißt es.

SYBIL Willst du folgerichtig handeln...

CHRISTIAN Ich mache kein Hehl daraus. Was ich selbst bin, Erscheinung und Gedankenwelt, dafür bürge ich der Welt. Aber meine Eltern, dir ist es bekannt, sind Leute aus dem Volk.

SYBIL Tauchst du also jetzt in Welt auf...

CHRISTIAN Laß mich meine Gedanken selbständig denken. Du weißt, ich kann's. Leute aus dem Volk. Meine gute Mutter besonders.

SYBIL Sie konnten dir gesellschaftlich Primitivstes nicht beibringen.

CHRISTIAN Der Weg, den ich mache, ist durch meine Geburt ein besonders ungewöhnlicher. Daß es falsch wäre, durch Hervorzerren der Erzeuger den Abgrund zwischen Herkommen und errungener Stellung offenbar zu erhalten, liegt auf der Hand. Es wäre mehr als töricht-geschmacklos.

SYBIL Und da du heut nur guten Geschmack anbetest...

CHRISTIAN Ironien auf dem schlechten Gewissen deiner eigenen Vergangenheit wirken nicht. Was weiß jemand von **deinen** Eltern? Du hast sie einfach unterschlagen, still gemordet. Vielleicht saß dein Vater im Zuchthaus? Hieß er wirklich Hull?
Er lacht. Du hättest doch den Reiz, von dem du lebst. Er hatte in jedem Fall Eigenschaften, da der Glanz solcher Tochter von ihm ausging.
Du unterbrachst mich mit Zwischenrede. Die Differenz zwischen Herkunft und Heute ist erläutert. Doch kommt hinzu: das Bewußtsein, überhaupt zu verdanken, sei es das Leben, ist in meiner Rüstung ein schwacher Punkt. Wie alles in meiner Welt aus mir entstand, wie ich nur auf mich beziehe, für mich hoffe und fürchte, muß ich frei sein von Rücksicht auf jedermann, um zu marschieren. Und so fürchte ich Vater und Mutter.

SYBIL Was willst du tun? Ihnen eine Summe bieten, daß sie fortbleiben?

CHRISTIAN Mein Vater ist nicht schüchtern; hier verlangt er sie selbst.

SYBIL Du hast gelernt mit Geld umgehen.

CHRISTIAN Ich habe allerhand gelernt.

SYBIL Und da du konsequent bist, muß, wer dich liebt, zwar schweren Herzens zustimmen.

CHRISTIAN Die gleiche Einsicht hoffe ich von den Eltern. Wir sind einig?

SYBIL Ich erlebe die Änderung gerade: dich aus gewisser Entfernung mit einer Spur Unterwürfigkeit sehen.

CHRISTIAN Dinge gewinnen nicht an Wahrheit, spricht man sie aus; wenn man sie tut.

SYBIL Doch an Klarheit.

CHRISTIAN Kluger Kopf.

SYBIL Ich liebe dich, Christian. Du bist der Fehler in der Rechnung meines Lebens. Ich gäbe die vierundzwanzigtausend für deinen Besitz jetzt.

CHRISTIAN So verdienst du in Not und Elend zu sterben. Da nimm den Kuß umsonst. – Du hast mir die Krawatte verschoben.

SYBIL Sie saß schon vorher infam.

CHRISTIAN So viel ich von dir lernte, das allein faßte ich nicht: den tadellosen Sitz einer Krawatte. Zeig ihn mir zum hundertsten Mal.

SYBIL *bindet die Krawatte um den Hals einer großen Vase.* Zuerst einfaches Schlingen des Knotens. Zweitens Unterlegen des einen Endes als Masche. Durchziehen des anderen drittens.

CHRISTIAN Steht rechts ein Stück vor.

SYBIL Man schneidet's mit der Schere fort.

CHRISTIAN Kostet jedes Binden eine Krawatte.

SYBIL Und bringt ein: Die Anerkennung der Verstehenden.

CHRISTIAN Worauf es überall ankommt.

SYBIL *tiefer Knicks* Ergebene Dienerin, Herr Generaldirektor.

CHRISTIAN Keinen Scherz.

SYBIL Ich habe ganz begriffen.

Sybil exit.

Zweiter Auftritt

CHRISTIAN Angenehme Person alles in allem.
Am Schreibtisch.
Doch nun den Verstand zusammengenommen.
Er schreibt.
»Verehrter Graf Palen, die Einladung zum 26. d. Monats nehme ich mit ergebenem Dank an.« Ergebener Dank? Wollen sehen. »Empfehlungen an die Komtesse.« Zu familiär. Teils zu ergeben, teils zu vertraut. Vor allem darf er nicht merken, wie gern ich komme. Das Papier ist falsch. Besser Bogen mit Firmenkopf: Sekretariat der Monambominen. »Sehr verehrter Graf von Palen.« Wie das eingeschobene »von« distanziert! Die Sache muß als erste schriftliche Äußerung meinerseits in diesen Kreis hinein tadellos korrekt und doch bedeutend sein. Wie schreibt er selbst? »Lieber Herr Maske, wollen Sie am 26. mit uns zu Abend essen, en tout petit comité? Der Ihre.« Auf schlichtem billigen Papier. Das hat den Ton freundschaftlich oberflächlicher Vertrautheit. »Abend essen« ist himmlisch! Bleiben wir um einen Grad förmlicher, aber so, daß immerhin – ich möchte eine lateinische Vokabel einstreuen, die den Tenor männlich macht.
Wie wird man mit vier, fünf Silben solchen Gehirnen einen Augenblick wichtig? Das ist eine Preisfrage, aber sie muß gelöst werden. Einen Fünfsilber mit viel Vokalen und rollendem Takt für den Anfang.
Er geht durchs Zimmer.
Dúm da da dúm da. Unaufgefördert. Die zweite Silbe ist für mein Ohr länger als die erste. Falscher Takt. – Pränumerándo – das ist's im Ton, gibt aber natürlich keinen Sinn. Dúm da da dúm da. Ich muß es finden.

Dritter Auftritt

THEOBALD MASKE *tritt auf* Da bin ich selbst. Mutter wartet unten.

CHRISTIAN Vater!

THEOBALD Das Malheur geschah gegen meinen Willen. Mir sind Knalleffekte zuwider. Aber bei Frauenzimmern stets das gleiche Unmaß. Jetzt soll man der Sache ins Auge sehen.

CHRISTIAN Seit deiner Pensionierung gibst du jedes Jahr eine Überraschung.

THEOBALD Ich hätte aus meinem Geleise nicht heraus sollen. Du hast mich zu früh zum Nichtstun gebracht. Die Kräfte sind nicht lahm und gehen nach allen Seiten in Mannigfaltigkeit auseinander. Ich muß mit ihr erst einen Modus finden.

CHRISTIAN Ich rufe vor allem Mutter herauf.

THEOBALD Wir haben erst unsere Angelegenheit.

CHRISTIAN Die ordnen wir mit allem andern, ohne daß sonst jemand versteht.

THEOBALD Wie?

CHRISTIAN In unseren Gesprächen wird eine Summe genannt werden.

THEOBALD Inwiefern? Was gibt's?

CHRISTIAN Eine Summe sage ich, ein vielfacher Tausender. Du darfst, werden wir beide während der Auseinandersetzung sonst einig, stillschweigend tausend Mark für deine Verlegenheit hinzurechnen.

THEOBALD Du hast Bedingungen?

CHRISTIAN Ich stelle Bedingungen.

THEOBALD Da bin ich neugierig.

CHRISTIAN *am Fenster* Dort steht sie.
Er winkt.

Sie hat gesehen, kommt. – Aber das unmögliche Kostüm!
Du sagtest vorhin zu Anfang ein Wort, das mir auffiel.

THEOBALD In welchem Zusammenhang?

CHRISTIAN Es hatte einen anderen Rhythmus; aber schallte
doch. Erinnere mich später, gleich...

THEOBALD Tausend Mark?

CHRISTIAN Wenn wir sonst ins reine kommen.
Exit.

THEOBALD Da bleibe ich gespannt.

Vierter Auftritt

Christian und Luise Maske treten auf.

THEOBALD Setz deinen Hut gerade, Luise. Der steht in die
Stirn wie ein Studentenstürmer. Wir wollen hierher in die
Großstadt ziehen, ich werde mich mit ihr in irgendeiner
Beziehung einlassen und mich inwendig lebendig erhalten.

LUISE Es ist so eine Idee von Vater.

CHRISTIAN Zu einer Zeit, da meine angestrengte Aufmerk-
samkeit dem Ziel gilt, das ich vorhabe, könnte ich für euch
keinen freien Augenblick aufbringen.

LUISE Dann freilich – ich dachte es schon.

THEOBALD Wir sind letzthin gewöhnt, du kümmerst dich
wenig um uns. Was ist das für ein Ziel?

CHRISTIAN Ich habe Aussicht, Generaldirektor der Gesellschaft zu werden, für die ich arbeite.

LUISE General!

THEOBALD *herrscht sie an* Direktor!

CHRISTIAN Soll ich es zu Außergewöhnlichem bringen, müßt
ihr Rücksicht nehmen, und diese Rücksicht fordert vor
allem...

14

THEOBALD Erlaube… Wir haben uns zwanzig Jahre lang krumm gelegt, gaben dir eine Bildung, die sich sehen lassen kann. Oft unterblieb ein Sonntagsbraten. Denn wir liebten dich affenartig.

LUISE *leise zu sich* Generaldirektor.

CHRISTIAN Dúm da da…

THEOBALD Wir duckten uns, daß du in bessere Welt kommen konntest. Darüber sind wir zu Jahren gekommen, und heut steht es so: wollen wir noch etwas von dir haben, müssen wir uns beeilen.

CHRISTIAN Ich will gleich einen groben Irrtum beseitigen: seit meinem sechzehnten Jahr ist mir kein einziges Opfer deinerseits für mich bekannt.

THEOBALD Das ist stark!

LUISE Vater!

CHRISTIAN Ich habe dich von jeher in Erinnerung, wie du im Haus vierfünftel des Platzes einnahmst, jeder Gedanke um dich kreiste. Schon auf dem Gymnasium erhielt ich mich durch Stundengeben, mein Studium und ferneres Leben bezahlte ich selbst.
Wer einen siebzehnjährigen Sohn zwang, das Mittagsmahl in Gegenwart des Vaters stehend einzunehmen…

THEOBALD Affenartig liebte ich dich. Du warst ein leckerer Kerl. Ist's wahr, Mutter?

LUISE *zeigt* So klein.

CHRISTIAN Du hast, stetst mit dir beschäftigt, mein Leben bis zum heutigen Tag nicht angeschaut. In letzter Zeit mag dir eine deutlich ins Auge springende Veränderung, meine breitere Lebensführung aufgefallen sein.

THEOBALD Das ist langweilig. Kurz – was soll sein?

CHRISTIAN Ihr trefft mich an einem Tag, an dem ich vergangenes Leben bilanziere. Da nahme ich keinen falschen Posten auf.

LUISE Was meint er?

THEOBALD Wirst schon hören.

CHRISTIAN *entnimmt ein Buch einem Geldschrank* Was an Aufwendungen wirklich für mich geleistet ist, habe ich nach bestem Erinnern in dieses Buch aufgezeichnet. Dazu wurde die Summe mit fünf vom Hundert verzinst.

THEOBALD Du willst eine Abrechnung?

CHRISTIAN Ja.

THEOBALD *setzt sich* Laß sehen.

Er setzt die Brille auf.

LUISE Was meinst du?

CHRISTIAN Es kommt schon, Mutter.

THEOBALD *liest* Unterhalt vom ersten bis sechzehnten Jahr – pro anno sechshundert Mark. Sechshundert Mark einschließlich Doktor und Apotheker ist mager.

CHRISTIAN Ich war nicht krank.

THEOBALD Masern und Stockschnupfen fallen mir aus dem Kopf ein. Ich sehe deine ewige Rotznase vor mir. Wir wandten Kamillenspülungen an.

LUISE Eines Morgens hattest du vierzig Grad Fieber, ich fühlte mein Herz nicht mehr.

CHRISTIAN Die eingesetzte Summe reicht aus.

LUISE Kreisrunde rote Flecken auf dem ganzen Leibchen.

THEOBALD Sechzehnmal sechshundert ist neuntausendsechshundert Mark. Sieh mal an. »An einmaligen Zuwendungen.« Wie willst du dich sämtlicher Zuwendungen durch sechzehn Jahre erinnern? Die sind Legion. Der Posten ist von vornherein dubios.

CHRISTIAN Du findest von meiner Seite euch besonders in letzter Zeit Gegebenes nicht gegenvermerkt.

THEOBALD Das wäre noch schöner.

CHRISTIAN *zu sich* Ich gäbe etwas für das Wort.

Er starrt in den Brief auf dem Schreibtisch.

LUISE *schüchtern zu ihm* Und einmal das Geschwür am Hals.

CHRISTIAN Richtig, Mütterchen.

THEOBALD Ein halbes Dutzend Hemden von Hemdentuch nebst Kragen, zwei Paar Stiefel, als ich zur Universität ging – fünfzig Mark. Ein goldener Ring – da hört sich alles auf! Hat die Frau dem Burschen doch den Ring gesteckt. Und ich kehrte damals das Unterste zu oberst, ihn wiederzufinden.

CHRISTIAN Er war Mutters Eigentum und ihr Geleit ins Leben.

THEOBALD Mit hundert Mark ist er bezahlt.

LUISE Trägst du ihn noch?

CHRISTIAN *zeigt ihn am Finger* Obwohl er täglich enger wird.

THEOBALD Immerhin eine tolle Angelegenheit und echt Luise. Endsumme rund elftausend. Samt Zinsen elftausendachthundert Mark.

CHRISTIAN *mit Betonung* Elftausendachthundert. *Räuspert sich.*

THEOBALD Verstehe; die du zahlen willst?

CHRISTIAN Die ich dir schulde.

THEOBALD Du willst dich dieser Schuld entledigen?

CHRISTIAN Ich werde bezahlen.

LUISE *seine Hand in Händen* Man kann ihn weiter machen.

THEOBALD Sieh einmal an! Das nenne ich nobel, lieber, guter Junge. Apart, wie du die Geschichte behandelst. *Er umarmt ihn.* Es liegt etwas Forsches darin, und wir wissen das durchaus zu würdigen. Man wäre also auf vollkommene Weise einig.

CHRISTIAN Du sprachst die Absicht aus, deinen Wohnsitz hierher zu verlegen. Das will ich nicht.

THEOBALD Machst du mir Vorschriften?

CHRISTIAN Ich erweise dir mit der Auszahlung des Gelds eine Gefälligkeit und erwarte eine andere von dir.

THEOBALD Ich hatte es mir in den Kopf gesetzt.

LUISE Der Junge muß doch Gründe haben.

THEOBALD Das Weib bringt mich um den Verstand! Es ist in ihrer Gegenwart kein vernünftiges Wort möglich.

CHRISTIAN *geleitet Luise zur Tür* Willst du dir ansehen, wie ich sonst wohne und schlafe, Mutter?

LUISE *leise* Bleib ruhig. Es geschieht alles, wie du willst. *Exit.*

CHRISTIAN Euer Hiersein würde, wie gesagt, Kräfte brechen, die ich insgesamt brauche.

THEOBALD Ist es Bedingung für die elftausendachthundert und so weiter?

CHRISTIAN Voraussetzung.

THEOBALD Da heißt es einfach überlegen: wo liegt schließlich unser Vorteil? Denn Affenliebe beiseite, man muß in gesicherten Bezirken leben. Was wirft die Summe für eine Rente?

CHRISTIAN Sechshundert Mark in Industriepapieren.

THEOBALD Bist du von Gott verlassen! Mein Geld bekommt die Sparkasse.

CHRISTIAN Rund fünfhundert.

THEOBALD Das ist nicht üppig. Elftausend läßt sich an. Fünfhundert ist für die Katze, und dafür soll ich meine Freizügigkeit hergeben, das einzige Gut des bescheidenen Manns? Darüber mußt du ruhig nachdenken, Gründe und Gegengründe erwägen. Nein – verspräche ich dir wirklich auf Manneswort, wir bleiben, wo wir sind...

CHRISTIAN Das will ich nicht.

THEOBALD Das willst du nicht; dies nicht und jenes nicht? Um alles in der Welt, was soll hier vor sich gehen?

CHRISTIAN Dein heutiger Überfall beweist, ich wäre auch in
Zukunft vor euren Besuchen nicht sicher.

THEOBALD Überfall – das ist ja!

CHRISTIAN Im erörterten Sinne gemeint. Mein Leben steht
vor vollkommener Wendung. Ich muß, für die nächste Zeit
vor allem, von verwandtschaftlichen Rücksichten frei sein.

THEOBALD Das ist in der Weltgeschichte beispiellos! Und
wir, die sich deinetwegen die Butter vom Brot sparten,
Opfer auf Opfer häuften trotz deiner Einrede? Sind denn
Eltern ohne Opfer denkbar? Bedeutet nicht jeder Atemzug
einer so kleinen Range Schmälerung irgendeines Genusses
der Alten? Stört sie nicht im Schlaf, am Mittagstisch, in
jeder Bequemlichkeit? Hat sie doch immer einen Defekt,
den man mir Ärger und Kosten ausbessern muß. Bald bläst
sie vorn, bald hinten nicht. Dazu eine Reihe alberner Feste,
um die man sich inkommodiert.
*Zu Christian, der schweigend in einem Lehnstuhl sitzt,
laut* Schöne Kindesliebe das!
Schlägt mit geballter Faust auf einen Tisch.
Schöne Kindesliebe!

LUISE *steckt den Kopf durch die Tür und macht, von Theobald ungesehen, Christian beruhigende Zeichen.*
Ich sorge schon.

THEOBALD Wie?
*Da Christian still bleibt, wirft er sich entfernt von ihm in
einen Stuhl und sagt ruhig* Hätte ich das gewußt, im ersten
Bad wärst du ersäuft.
Pause.

THEOBALD Und sind doch mehr als hundert Kilometer von
dir entfernt. Das ist die vielgerühmte Kindesliebe. Ja, ja.
Er lacht auf Ha!
Und praktisch? Wie denkst du dir praktisch die Angelegenheit? Kommen wir auch in gewohnten Verhältnissen mit

meiner Pension und den fünfhundert zur Not aus, kein Mensch wird uns zumuten, Unbequemlichkeiten der Übersiedlung, Schwierigkeiten neuer Wohnsitzgründung ohne Äquivalent auf uns zu nehmen.

CHRISTIAN Das wird kein Mensch euch zumuten.

THEOBALD Ohne bedeutendes Äquivalent. Wer will es leisten?

CHRISTIAN Unter Umständen ich.

THEOBALD Sieh mal an.

CHRISTIAN Wir haben eine ganze Reihe durch landschaftliche Reize und ökonomische Vorteile ausgezeichnete Städte auch in Europa, ziehst du nicht von vornherein Amerika vor.

THEOBALD Was?!

CHRISTIAN Gut, gut.

Er hat einen großen Atlas und Baedeker zur Hand genommen. Es käme zum Beispiel Brüssel in Frage.

Liest aus dem Buch Brüssel, des Königreichs Belgien Hauptstadt, mit achthunderttausend Einwohnern. Die Stadt liegt in fruchtbarer Gegend an den Ufern der Senne, eines Nebenflusses der Schelde. Die Oberstadt mit Staatsgebäuden ist Sitz der Aristokratie und der vornehmen Gesellschaft.

THEOBALD, *der bequem sitzt und andächtig zuhört* Nicht übel, zeig das Buch.

Er liest vor »Und der vornehmen Gesellschaft. Sprache und Sitte französisch.« Und du glaubst, ein Deutscher von Schrot und Korn läßt sich dazu herbei, welsche Sitten anzunehmen? Basta!

CHRISTIAN Wohin ich in allererster Linie dachte, ist Zürich. Ein völlig idealer Aufenthalt, ein kleines Paradies in jeder Hinsicht. Und die Sprache ist Deutsch.

THEOBALD Laß etwas davon hören.

CHRISTIAN *liest aus einem anderen Band vor* Mit annähernd zweihunderttausend Einwohnern ist Zürich die bedeutendste Stadt der Schweiz am Züricher See und der immergrünen Limmat.

THEOBALD Immergrün sagt man sonst vom Tannenbaum.

CHRISTIAN An der Westseite fließet die im Frühjahr reißende Sihl.

THEOBALD Die ist schon überflüssig, Wasser wär's genug. Bedauerlich, daß ich nicht schwimmen kann.

CHRISTIAN *liest* Die Lage der Stadt ist herrlich am kristallklaren See, dessen sanft ansteigende Ufer mit hohen Häusern, Obst- und Weingärten besät sind.

THEOBALD Niedlich.

CHRISTIAN *liest* Im Hintergrund die schneebedeckten Alpen, ganz links grüßt der gewaltige Rücken des Glärnisch.
Er zeigt im Atlas Hier das Weiße!

THEOBALD Teufel!

CHRISTIAN *liest* Die Küche ist gut. Bevölkerung derb und bieder.

THEOBALD Sozusagen.

CHRISTIAN Dazu Ausflüge in die hinreißende Umgebung.

THEOBALD Das reine Kanaan.

CHRISTIAN Luzern und Interlaken, ja das gesamte Alpenland wird dir unmittelbar erreichbar, gewissermaßen Eigentum. Ahnst du, was ein Alpenglühen bedeutet?

THEOBALD Was weiter?

CHRISTIAN Ein Naturschauspiel von fulminanter Großartigkeit, ein Nonpareille. In Zürich könnte ich mit der Bedingung, ihr überlaßt mich die nächsten Jahre durchaus mir selbst, deine Bezüge zu einer ausreichenden Rente aufrunden.

THEOBALD *nach einer Pause* Ich habe rein menschliche Bedenken.

CHRISTIAN Unterlaß alle Anmerkungen.

THEOBALD Man soll sich aussprechen.

CHRISTIAN Das Leben eines Menschen meiner Art setzt sich aus Fakten zusammen. Mit Gesprächen hältst du mich auf. Hinter diesem wartet ein anderes Wichtiges.

THEOBALD Sechzig Jahr bin ich heute, deine Mutter fast ebenso alt. Wir haben im Leben nicht viel Gutes gehabt, bleiben auch nicht mehr lange in dieser Welt mit dir beisammen.

CHRISTIAN Spürst du nicht, dieser Ton ist machtvolleren Dingen gegenüber eindruckslos? Kommt schon die Stunde, wo wir, einzelnes erläuternd, bequem davon reden können. Jetzt geht's Schlag auf Schlag. Zweitausendvierhundert Franken kommen von mir aus jährlich zu deinen Einkünften. In drei Wochen seid ihr übersiedelt. Hurtig, Vater, mir brennt's in den Eingeweiden. Der Kampf um die sichtbare Stelle im Leben ist gewaltig, der Menschen unzählige. Wo ich einen Fußbreit auslasse, drängt eine Legion den Schritt ein.

THEOBALD Ich bin ganz paff. Habe nie so eine Kreatur gesehen. Wie soll ich über all diese Novitäten ins reine kommen, wann einsehen, wo für mich der höhere Sinn sich zeigt?

CHRISTIAN Hier, jetzt. Fünf Minuten gebe ich dir.

THEOBALD So folge ich dir unentschieden und werde wie ein Begossener und Halbertrunkener sein.

CHRISTIAN Vertrau!

THEOBALD Wo soll für mich der höhere Sinn stecken?

CHRISTIAN Später. Abgemacht, Vater?

THEOBALD Donner und Doria! Meine ganze Welt ist durcheinander.

CHRISTIAN Zweitausendvierhundert, das ist neunzehnhundert Mark.

THEOBALD Und fünfhundert – macht mit dem Meinen annähernd fünftausendsechshundert.

CHRISTIAN Siebentausend Franken.
An der Tür Mutter!

THEOBALD An der Limmat? Ich bin starr.

CHRISTIAN *reicht ihm Atlas und Reisebücher* Informier dich.

LUISE *tritt auf, leise zu Christian* Ich sorge schon, daß alles
geschieht. Dies Tuch auf deinem Nachttisch, solche Wäsche, Spitze und Batist – ach Christel, sei vorsichtig mit
Frauen. Verführung zum Genuß, ich weiß, jedem kommt's
einmal. Aber hat man Kinder, und wird Generaldirektor
und kann stolz vor Gott sagen: meine Mutter war makel-
los!

THEOBALD *fassungslos* Unter Tirolern!

LUISE Das ist auch etwas. Ein herrlicher Lohn.

CHRISTIAN Gewiß, Mutter.
Umarmt sie.

LUISE *im Hinausgehen* Mein Christel.
Luise, Theobald, Christian exeunt.

Fünfter Auftritt

CHRISTIAN *kommt schnell zurück* Einmal hatte ich das Wort
beinahe.
Er sieht in den Brief. Er sagte es im Zusammenhang mit
seiner zu frühen Pensionierung, und daß jetzt seine Kräfte
schweiften – wohin? In – Mannigfaltigkeit! Das ist es!
Er schreibt. »Mannigfaltigkeit der Geschäfte, verehrter
Graf Palen, verhindert mich leider, Ihre liebenswürdige
Einladung anzunehmen.« So ist es eine Absage geworden,
doch wer weiß, wozu sie gut ist.
Es hat geläutet. Exit.

Sechster Auftritt

Christian und Graf Palen treten gleich darauf auf.

GRAF Ich komme, die angeschnittene Frage Ihrer Ernennung persönlich noch einmal mit Ihnen durchzusprechen. Der Aufsichtsrat muß, ehe er sie den Aktionären gültig anbietet, bis ins letzte wissen, wessen sich die Gesellschaft von Ihnen zu versehen hat. Als Feind geschäftlicher Auseinandersetzungen bat ich Baron Rohrschach, den Besuch zu übernehmen, doch fand man es schicklicher, ich ordne die Sache, da meine Beziehungen zu Ihnen vertrauter sind.

CHRISTIAN Danke, Graf.

GRAF Die Monambominen sind die Unternehmung einer kleinen Gruppe von Menschen, die denselben Überzeugungen leben. Haben nun auch Geschäfte und gesellschaftliche Anschauung nicht ohne weiteres einen Zusammenhang, ist doch einzusehen, man will einen Mann an der Spitze seiner Geschäfte, der der ganzen Lebensauffassung nach zu uns gehört.

Christian verbeugt sich.

GRAF Wir glauben nun, in Ihnen den gefunden zu haben, der mit Tüchtigkeit die seltenere Gabe vereinigt, ein Empfinden für die durch Kult errungenen Werte des feineren Geschmacks zu besitzen, das insbesondere da am Platz ist, wo brutale Wahrheit der Zahlen ein bedeutendes Gegengewicht fordert.

Christian verbeugt sich.

GRAF Sie haben sich mir gegenüber des öfteren in Fragen des Lebens in einem Sinn geäußert, der durchaus mit der Meinung unserer Kreise übereinstimmt, an Schärfe dieselbe fast übertrifft. Ich würde mit dem Wortschatz der liberalen

24

Partei ihn als aristokratisch-reaktionär bezeichnen, *er lacht* und zwar, was mich am stärksten berührte, die Eindringlichkeit Ihres Vortrags schien auf Herzenssache zu deuten. Bitte?

CHRISTIAN Es ist so.

GRAF Merkwürdig. Gibt zu Überlegungen Anlaß. Ich bin durchdrungen. Sie stammen aus einem ausgezeichneten Haus. Ihre Erziehung ist vollendet sogar in dem Sinn, daß Sie erkannten, auf der Basis gewisser selbstverständlicher Besonderheiten, die wir errangen, ist das unauffällig Uniforme das Korrekte. Man sieht's an Gesten, aber auch am Sitz einer Krawatte. Kurz und gut, was uns noch fehlt, ist irgendeine von Ihnen gegebene Versicherung, die Niederlegung in einen verpflichtenden Satz, den wir den Beteiligten als Ihr Bekenntnis vorstellen können.

CHRISTIAN Ich verstehe.

GRAF Bei einem Rohrschach bedeutet das Prädikat »Baron« gar nichts anderes als diesen Satz, vorausgesetzt, der Mann ist kein Deklassierter. Gewisse Garantien nach gewissen Richtungen. Bei Bürgerlichen können markante Taten von Vorfahren bedingungsweise Gewähr leisten.

CHRISTIAN Wovon in meinem Fall keine Rede ist.

GRAF Welches Urteil durchaus keinen Tadel einschließt. Auch in zu hohem bürgerlichen Ansehen gelangten Familien begnügt man sich mit diesem alle Mitglieder einschließenden Gut. Es reicht hin, Sie finden aus der in Ihnen von Voreltern aufgespeicherten gesellschaftlichen Überlegenheit das packende Wort. Ich habe nicht das Vergnügen, Ihren Herrn Vater, Ihre Eltern, kurz...

CHRISTIAN Tot. Alles tot.

GRAF Und mit Genugtuung darf ich sagen, Sie genügen als Repräsentant. Ich sehe Sie ergriffen?

CHRISTIAN Ich bin's, Graf, in dem Augenblick, da ich aussprechen darf, was mein Herz seit der Jugend bewegt, da ich es sagen soll: nie habe ich andere Sehnsucht gehabt, als zu sein wie jene, die auch äußerlich sichtbar in einem Adelsdiplom den Adel der Taten ihrer Ahnen tragen, an ihrer Seite, von ihnen als Helfer angenommen, die Grundsätze zur Geltung bringen zu dürfen, deren geschichtliche Vertreter sie sind. Es steht mir nicht zu, aufzuzählen, welche Opfer ich diesem Ziel schon gebracht, doch bin ich bereit, Ihnen in die Hand zu schwören, mein irdisches Leben ist ihm einzig geweiht.

GRAF Sie sind ein prächtiger Kerl, aus einem Guß. In diesem Augenblick haben Sie mich überzeugt. Ich danke. Glaube für Ihre Ernennung bürgen zu können. Darf ich rauchen? Meiner Einladung zum Freitag werden Sie folgen?

CHRISTIAN Das heißt...

GRAF Wie denn?

CHRISTIAN Also dann – trotz **Mannigfaltigkeit** meiner Geschäfte.

GRAF Glaub's, daß Sie arbeiten. In meiner Tochter Marianne finden Sie einen Menschen, der an einem Charakter wie dem Ihren Gefallen hat.

CHRISTIAN Von den bedeutenden Gaben der Komtesse hörte ich mehrfach sprechen.

GRAF Enchanté, lieber Maske.

CHRISTIAN Nehmen Sie meinen Dank, Herr Graf.

GRAF Herr Graf? Also auch Sinn für die Nuance.

CHRISTIAN Auf dem Boden der Voraussetzung sonstiger Uniformität.

GRAF Geistreich und sehr charmant, lieber Freund.
Exit.

CHRISTIAN, *der ihn bis zur Tür begleitet, kehrt zurück, sieht flüchtig in den Spiegel und beginnt dann, an einer Vase eine Krawatte zu binden* Erstens einfacher Knoten. Unterlegen des einen Endes als Masche. Durchziehn des anderen. Und nun die Schere.

Er schneidet. Was dich ärgert – dein linkes Auge, wirf es fort. Diese Krawatte sitzt tadellos. Das ist erreicht!

Der zweite Aufzug

Salon bei Christian Maske.

Erster Auftritt

GRAF Er muß nach Worten des Dieners sofort zurück sein.

MARIANNE Wir kamen zehn Minuten vor der festgesetzten Zeit. – Da ist der Corot.

GRAF Der den Vorwand für unseren Besuch gibt.

MARIANNE Ein schönes Bild. Glück, mit solchen Dingen leben zu dürfen.

GRAF Es kann dir werden.

MARIANNE Als seine Frau? Ist es ernst, Vater?

GRAF Ernst, Marianne. Beschäftigt uns beide nicht seit Wochen der Gedanke, ohne daß wir ihn erörtern? Des Mannes Auftreten ward letzthin so dringend ...

MARIANNE Liebt er mich?

GRAF Wollen wir nicht anders fragen? Nähmst du ihn auch, besäße er seine Reichtümer nicht, die uns aus einer Reihe schwieriger Umstände retten?

MARIANNE Auf diese Frage kann ich nicht antworten. Als du ihn die ersten Male brachtest, wußte ich kaum, wer er war; nichts von seiner Situation. Mein Gefühl entschied frei. Ich empfinde, wie jedes Ding, auf das er seinen Willen wirft, sich mit dem Glück, aus dem heraus man sich einer Naturkraft beugt, schließlich hingeben muß.

GRAF Tiens!

MARIANNE Ja, Väterchen, hier liegt Entscheidung für Marianne.

GRAF Ich hatte vorausgesetzt, du würdest Widerstände in dir zu besiegen haben.

MARIANNE Sie sind noch sämtlich unbesiegt. Wir kamen uns nicht nah, unser Gespräch verließ die Konvention niemals, doch fühlte ich, trat er zu mir, und meine Person richtete sich angegriffen hoch, wie er, just er, mich völlig niederwerfen konnte.

GRAF Mich juckt's mit ihm.

MARIANNE Warum? Ist dir ein Zug von ihm bekannt, der nicht korrekt war?

GRAF Nein.

MARIANNE Lebt er nach unseren Gesetzen?

GRAF Durchaus. Doch gerade dagegen sträubt sich letzten Endes mein Sinn. Ich beobachte ihn seit zwei Jahren, und was mich anfangs rührte, entsetzt mich jetzt beinah. Folgt wirklich dieser Bürgerliche seiner Natur, lebt er unser Leben, wodurch unterscheiden wir uns von ihm? Du weißt, ich halte Adel für ein Produkt der Züchtung im Hinblick auf Werte, die ihr Wesen in der Zeit haben, also nicht in einer Generation zu erringen sind. Wie der Herzog von Devonshire, von einem Heraufkömmling um die Pracht der Rasenflächen in seinen Gärten beneidet, und wegen der Pflege um Rat gefragt, zur Antwort gab, man müsse, um solche zu erhalten, nichts tun, als den Rasen frühmorgens ein paar Jahrhunderte lang tüchtig bürsten. Voilà. Ich habe in meinem Leben Sonderliches zustande zu bringen nie versucht, war nur ein Adliger mit Bewußtsein angeborener Besonderheiten. Offenbart dieser Mann, es bedarf keiner Vorfahren, gewisse unschätzbare Güter zu besitzen, bin ich in meiner Bedeutung vor mir selbst geleugnet.

MARIANNE Kann von einem außerordentlichen Verstand Summe des uns Eigentümlichen nicht erfaßt, mit Eindringlichkeit der Arbeit an sich selbst langsame Veredelung durch Generationen nicht eingeholt werden?

30

GRAF Besitz, welcher Art er auch sei, wird ersessen. Fehlt ihm dieses Merkmal, ist er erborgt, und es kommt der Augenblick, wo ungünstige Beleuchtung, irgendein Mißgeschick die Vorspiegelung aufdeckt. Den Moment erwarte ich bei diesem Mann.

MARIANNE Mithin stehst auch du in sein Leben verstrickt.

GRAF Doch nicht, um mich von ihm besiegen zu lassen, sondern um an ihm die klaffende Wunde zu entdecken, die ihn hinwirft. Ja, selbst, um sie ihm bei Gelegenheit beizubringen.

MARIANNE So könnte es das Schicksal fügen, ich stünde gegen dich.

GRAF Das verhüte Gott!

MARIANNE Verhüte du's. Von diesem Mann empfange ich die erste volle Empfindung meines Lebens. Noch schwärmt sie ungeklärt, und mit Glück ist Abwehr gemischt. Ein seliges Geheimnis, das sich natürlich entdecken, doch nicht führen lassen will.

GRAF Entlarvt er sich aber vor unseren Augen selbst?

MARIANNE Er wird uns im Gegenteil immer undurchdringlicher und überraschender kommen. Die wenigen Zeichen, die ich von seiner Person habe, geben mir Gewißheit, er ist außerordentlich und steht über unserer Voraussicht.

GRAF Marianne!

MARIANNE So glaube, so fühle ich, Vater. Aber was auch kommen mag, du hast mich eine herrliche Jugend leben lassen. Fünfundzwanzig glückliche Jahre habe ich durch deine Güte gehabt.

GRAF Ich war zu nachgiebig.

MARIANNE Und wirst es ferner sein.

GRAF Nur bis an die Grenze des Möglichen.

MARIANNE *eindringlich* Liebe steckt die Grenzen weit.

31

Zweiter Auftritt

CHRISTIAN *im Reitanzug tritt schnell auf*
Gnädigste Komtesse. Graf. Wenigstens kann ich zu meiner Entschuldigung sagen, der Kolonialminister hielt mich auf, wollte meinen Rat.

GRAF Er ist des Lobes voll von Ihnen, will Sie nächstens unserer allergnädigsten Majestät präsentieren.

CHRISTIAN Zur Entscheidung seiner Frage hätte es Genies bedurft, das ich nicht besitze. Die ungeheuere Verantwortung bricht in Dingen, die das Wohl des Staates angehen, die Kraft jeder Meinung, die ihr Bewußtsein nicht in Gott hat.

GRAF Magnifique! Was ritten Sie heute?

CHRISTIAN Einen Chamantsproß aus der Miß Gorse. – Gefällt Ihnen das Bild, Komtesse?

MARIANNE Ich habe in solchen Dingen nicht Urteil genug. Doch ergreift es mich.

CHRISTIAN Es ist kein Meisterwerk Corots; Valeurs und Tonalität aber eigenartig.

GRAF Können Sie so etwas bestimmen?

CHRISTIAN In meinem Leben sah ich zwei- bis dreihundert Bilder des Malers.

GRAF Wo nehmen Sie die Zeit her?

CHRISTIAN Ich nehme sie kaum. Nicht viel mehr als ein Blitz kam von der ersten Leinwand zu mir. Doch zündete er, und ich war für den Rest lebendig.
Zu Marianne So geht es mit allen Dingen.

GRAF Wir müssen fort.
Zu Marianne Für halb zwölf hast du dich zu Friesens angesagt.

CHRISTIAN *zum Grafen* Begleiten Sie die Komtesse oder darf ich Sie um ein paar Minuten bitten?

GRAF *zu Marianne* Brauchst du mich?

MARIANNE Bleib.

CHRISTIAN *zu Marianne* Ich bringe Sie zum Wagen.
Marianne und Christian exeunt.

Dritter Auftritt

GRAF *nimmt von einem Tisch ein Buch* Gothaer Almanach.
Gräfliches Taschenbuch. Er hat sich unterrichtet.
Er blättert und liest.
Palen. Westfälischer Uradel, der mit Rütger Palen 1220
urkundlich zuerst erscheint. Augustus Aloysius mit Elisa-
beth Gräfin von Fürstenbusch, gestorben auf Ernegg sechzehnten Juli 1901. Meine gute Lisbeth. Kinder: Friedrich
Mathias, unseres Geschlechtes letzter Sproß, und Marianne Josefa, die nun einen Herrn Maske heiratet.

Vierter Auftritt

CHRISTIAN *tritt auf* Die Komtesse hofft vorbeifahrend Sie
gegen zwölf Uhr abholen zu können.
Graf Augustus von Palen, ich bitte Sie um die Hand Ihrer
Tochter Marianne.

GRAF Da Sie den Antrag so bündig stellen, haben Sie ihn
nach jeder Richtung hin reiflich erwogen.

CHRISTIAN So reiflich, Graf, wie Sie mit Ihrer Tochter die
Antwort.

GRAF Nicht doch. Ich kenne die Entscheidung der Komtesse
nicht unbedingt.

CHRISTIAN Wie lautet sie bedingt? Verzeihung, erst Ihre eigene Meinung.

GRAF Ich selbst bin gegen die Verbindung. Doch wird meine Ansicht nur gehört und bleibt ohne entscheidenden Einfluß. Haben Sie mit meiner Zustimmung gerechnet?

CHRISTIAN Ich fühlte Ihre starken Widerstände.

GRAF Sie bewundernd, mußte ich mich doch fortgesetzt stärker zu Ihnen distanzieren. Die Komtesse dagegen scheint, der Wahrheit die Ehre, einigermaßen von Ihnen emballiert.

CHRISTIAN Soll ich meine äußeren Umstände näher auseinandersetzen?

GRAF Ich kenne Ihre Laufbahn aus eigener Anschauung, alle überraschenden Erfolge finanzieller und gesellschaftlicher Art. Von Ihrer Zukunft bin ich überzeugt.

CHRISTIAN Gab mein Charakter Grund zu Bedenken?

GRAF Er gab keine Angriffsfläche.

CHRISTIAN Darf ich fragen?

GRAF Ganz offen: Standesvorurteile.

CHRISTIAN Danke. Das muß sein. Eben diese innerliche Abgeschlossenheit ist eine Eigenschaft Ihrer Kreise, die ich verehre. Nur gegen meine Person gerichtet, hätte es mich stärker berührt.

GRAF Aber Sie können nicht Verehrer eines Prinzips und zugleich Angreifer desselben sein.

CHRISTIAN Ich liebe Ihre Tochter.

GRAF Sie heiraten sie auch, wäre sie nicht Gräfin Palen?

CHRISTIAN Das weiß ich nicht; sie ist als Reiz unteilbar.

GRAF Mit der Voraussetzung, die Komtesse nähme Ihren Antrag an.

CHRISTIAN *macht eine unwillkürliche Bewegung, die seine Erschütterung verrät.*

GRAF Bis eben meinte ich, Sie zu kennen. Jetzt, da die Möglichkeit auftaucht, Sie uns näher attachiert zu finden, sehe ich, wie fremd Sie noch blieben.

CHRISTIAN Man hat unsereinem gegenüber nicht die Mittel,

34

sich aus einem Buch über den Stall, aus dem er kommt, zu belehren. Tappt gegen dunkle Sache.

GRAF Wirklich läßt, mit geringen Ausnahmen, der bürgerliche Name seinen Träger anonym. Unaufgezeichnet ist er ungemerkt und in seinen Handlungen unbeaufsichtigt. Wir, die in dieses Buch verzeichnet sind, handeln unter den Augen unserer Sippen das Leben ab, und Verzicht auf Wollüste eines freien Lebens in namenloser Masse gibt uns ein Recht, unsere Verdienste bemerkt und belohnt zu sehen.

CHRISTIAN Ohne Frage. Doch müßte dem Mann, der den nicht zu beugenden Willen hat, die Konsequenzen solcher Anschauungen zu tragen, Eintritt in die Gemeinschaft frei sein.

GRAF Unbeugsamkeit beweist erst die Zeit an Geschlechtern.

CHRISTIAN Die Disposition ist auch aus bürgerlichen Vorfahren zu erkennen.

GRAF Ihre Eltern, Voreltern?

CHRISTIAN Beamte. Durch das Bewußtsein, dem Staat zu dienen, vorbereitet. Kleine Beamte nur – mein Vater...

GRAF Die schlichte Abstammung offenbart persönliches Verdienst um so bedeutender, wie uns der allerhöchste Herr erst kürzlich wieder belehrte. Der Fall unseres Postministers, der aus ähnlichem Milieu wie Sie stammt, ist der einleuchtendste.

CHRISTIAN *laut lachend* Überhaupt beginnt das ärmlich, aber reinlich gekleidete Elternpaar allenthalben aufzukommen.

GRAF In der Tat. Wir kennen nun unsere Ansichten. Entscheidung hängt von uns nicht ab – warten wir. Ich muß aber noch hinzufügen: meine Tochter bringt keine Mitgift in die Ehe. Sie wurden reich, wir verloren bis auf Reste unser Vermögen und schränken uns ein, meinem Sohn den Zuschuß zu gewähren, den das Regiment verlangt.

CHRISTIAN *verneigt sich* Darüber ist kein Wort zu verlieren.

DER DIENER *tritt auf* Der Wagen der Komtesse.

GRAF *exit.*

Ich übermittele Ihnen die Entscheidung.

Fünfter Auftritt

CHRISTIAN Jetzt hätte ich es sagen können: Sie leben in Zürich. Vorbereitet und durch das Geständnis seiner Mittellosigkeit in Verlegenheit, hätte er es geschluckt, und sie waren offiziell präsentiert. Nun heißt es, die neue Gelegenheit abpassen; aber ich fühle, sie ist völlig in meiner Gewalt. Warum dann warten? Hierher müssen sie. Sofort! Und ist der Augenblick gekommen – persönlich sie vorstellen. Mediam in figuram jedermann. Wollen doch sehen! Wie die Alten sich freuen werden!
Er schreibt und liest Kommt mit dem nächsten Zug. Erwartet euch hier freudigste Überraschung.
Er läutet Von dem Wagen, mit dem ich sie am Bahnhof hole, bis zum eigenen Bad an ihren Zimmern muß ihnen alles ein großes Staunen sein.

DIENER *tritt auf.*

CHRISTIAN Das Telegramm sofort abtragen.

DIENER *exit.*

CHRISTIAN Mutter soll auch ihre Schlummerrolle ins Bett haben. Wenn sie vorm Einschlafen überdenkt, was sie und ich von meiner Zukunft geträumt, und wie es noch viel besser gekommen ist, muß sie ein erfülltes Leben spüren. Sie werden sich schnell anpassen. Die schlimmsten Unarten sind bald abgewöhnt, und Schneider und Putzmacherin tun das letzte.

Sechster Auftritt

Sybil tritt auf.

CHRISTIAN Kind, ich bin froh. Weißt du, wer kommt?

SYBIL Die Eltern.

CHRISTIAN Wer sagt dir das?

SYBIL Notwendigkeit. Zwei Jahr, seit ihrem Abschied, zappelst du am Haken deiner Sehnsucht. Ich wußte, an wen du beim Einschlafen dachtest. Warum, wenn du von großen Gewinsten sprachst, dein Auge hochzuckte. Durch die räumliche Trennung hast du dich auf deine Art völlig in die beiden alten Menschen verrannt. Schließlich brachtest du nichts mehr vor, ohne gleichnishaft einen von ihnen zu erwähnen.

CHRISTIAN Ich entbehrte sie schwer.

SYBIL Am Ende hattest du dir die Überzeugung beigebracht.

CHRISTIAN Mutter und ich waren stets eine Seele. Sie kannte sich gar nicht außer mir. Wie ein kleiner König stand ich zu ihr. Meine große Zukunft bejahte sie im voraus. Wir brauchten uns in dem Gedanken nur anzusehen und lachten. Vater war wie die Begleitung im Kontrabaß dazu.

SYBIL Hast du nicht dasselbe Vertrauen unbedingt bei mir gefunden?

CHRISTIAN Doch wolltest du Dank. Hier aber war ein Mensch stets unbedankt, stets durch mich glücklich.

SYBIL Dafür betrug sich dein Vater während dieser Zeit schamlos gegen dich. In der Überzeugung, dich durch sein Erscheinen schrecken zu können, hat er ein über das andere Mal von dir die Summen erpreßt, die er brauchte.

CHRISTIAN Insgesamt nicht viel mehr als ein paar Tausender.

SYBIL Hätte er eine Vorstellung von deiner geänderten Lebensführung, er wäre anders ins Zeug gegangen. Er würde sich, sähe er Wirklichkeit, gütlich tun.

CHRISTIAN Er soll's. Nichts anderes wünsche ich. Das ist das Dämonische an diesen Geschlechtern, deren Wurzeln noch auf dem Erdboden laufen, die Gesamtheit fühlt nicht einheitlich, atmet und bewegt sich nicht mit einem Ruck von einem Zentrum aus. Es praßt der eine, wo der andre darbt. Ist aber der Gedanke lebendig, von einem Stamm entsprossen, mit ihm durch feinste Adern verbunden, ist unser Wohl von seiner Gesundheit abhängig, freut uns jedes Glück, das ihn in irgendeinem Ast trifft.

SYBIL Der Gedanke ist schrecklich altertümlich, nicht aus unserer Zeit heraus.

CHRISTIAN Darfst du das behaupten, Mädchen? Weißt du mehr von den Erschütterungen der Epoche als ich? Weil du dich an Phrasen der Sozialdemokratie berauschst, die dir mit dem Recht, das noch der Jämmerlichste hat, die Ohren vollbläst.

SYBIL Ich sehe Wirklichkeit. Millionen, die den Hunger zu stillen über den, der Weg zum Brot sperrt, müssen.

CHRISTIAN Kämpfe ums Dasein. Die habe ich auch durchgemacht und dabei ganz anders als Myriaden Boden in mir aufgerissen; von Trieben geschnellt, flog ich durch den Brei der Bequemen, weil ich wußte, jenseits fängt erst das Leben an. Du sahst ja, wie ich ankam, Fetzen mir vom Leib riß und das flatternde Band am Hals zu fester Krawatte knüpfte. Mich allmählich zur Form erzog, der der höhere Mensch im Zusammenleben bedarf.

SYBIL Nie ruht der Kampf. Auf jeder nächsten Stufe, auf der höchsten, steht der Stärkere, der Todfeind, den du besiegst, oder er vernichtet dich.

CHRISTIAN Das ist proletarisch gedacht. Generationen hast du noch zu laufen, bis dir die Wahrheit schwant.

SYBIL Und dabei war ich es, die ihn lehrte...

CHRISTIAN Den Fisch nicht mit dem Messer zu fressen, daß

ich nicht in den Zähnen stocherte! Über all den äußeren Kram bist du nicht hinweggekommen. Dein Anzug ist der Anzug der Frau von Welt. Aber in welcher inneren Notwendigkeit bist du ihr inzwischen angenähert?

SYBIL Das war nicht mein Ziel.

CHRISTIAN Ressentiment.

SYBIL Und du, weil du dich zu dem Entschluß verstiegst, deine Eltern zurückzuholen ...

CHRISTIAN Die ich liebe.

SYBIL Da es in der Welt plötzlich Beispiele schlichter Erzeuger gibt.

CHRISTIAN Vergöttere!

SYBIL *lacht* Weil es schick wird. Nie würde ein liebender Sohn dulden ...

CHRISTIAN Kein Wort mehr!

SYBIL Daß deine neuen Kreise sich an der famosen Strohkapotte deiner Mutter, an deines Vaters Schmierstiefeln berauschen. Deine erste Tat, die sie vor Entwürdigung und dich vor Demütigung schützte, war zarteste Rücksicht für sie und klug dazu, wie dein Erfolg lehrt.

CHRISTIAN Ich erwarb Geld und muß nicht mehr vor den Nöten des Lebens flüchten. Endlich darf ich verweilen und die irdischen Güter betrachten. Der erste Luxus, den der reiche Mann treibt, ist seine Familie.

SYBIL Dein Vater, deine Mutter sind nicht Luxusgegenstände. Liebst du sie wirklich, treibe den Kult im Kämmerlein. Doch opfere sie nicht der Eitelkeit, daß bei dir alles sein muß, wie der gute Ton es vorschreibt. Du willst die Gräfin heiraten. Tu's. Aber gib ihr mit deinen Eltern kein Gleichnis, aus dem sie dich beurteilen kann. Bleib ihr fremd und geheimnisvoll. Du hast so viel, was keiner außer dir besitzt, du mußt nicht auch noch Eltern haben.

CHRISTIAN Närrisch bin ich mit dem Gedanken. Meine ge-

samte Ziffernmacht, allen Einfluß strenge ich bis zum
äußersten an, meinem Vater Geltung zu verschaffen. Keine
Widerworte! Ich will! Das sind Dinge, für die in dir jede
Voraussetzung fehlt, da von deiner Geburt an alles Zufall
in dir war.

SYBIL Du möchtest eine Kluft zwischen uns aufreißen.

CHRISTIAN Sie ist seit langem da. Im Handeln und Denken.
Wir sind Fremde. Geh!

SYBIL Wirklich so fremd, Junge? Du warst doch der, der
Zwanzigmarkstücke von mir nahm?

CHRISTIAN Du träumst. Ich bin der, der dich bezahlte, und
der dich in diesem Augenblick ablohnt. Spar alle Worte.

SYBIL Ein einziges – mein Leben dafür –, das dich kennzeich-
nete und ausdrückte, wie niedrig ich dich empfinde.

CHRISTIAN Finde es zu Haus. Entstellst du mich mit Ver-
dächtigungen wie den eben geäußerten vor dir selbst, zer-
störst du dir das Andenken deiner großen Leidenschaft.
Doch bleibt das deine Sache. Wagst du sie vor anderen,
drohen dir unnachsichtlich die Gerichte.

Sybil steht ihm gegenüber, starrt ihn an und stürzt hinaus.

Siebenter Auftritt

CHRISTIAN Endlich. Diese Brücke abgebrochen zu Ufern, die
man nicht mehr sah. Versuche eines Embryos des Mensch-
tums, dich mit Redensarten deiner Natur und notwendi-
gen Schlüssen abspenstig zu machen. *Er hat ein Florett zur Hand genommen und macht Fecht-
übungen.* Aber da dir die Kulöre deines Temperaments
genau bekannt sind, werde nicht blaß vor dir selbst, mach
ein Bild, eine saftige Figur aus dir und denk nicht an die
Unterschrift, die die Zuschauer geben.

Da es wiederholt geläutet, geht er öffnen.
Wer ist das?
Nach einem Augenblick hört man draußen seinen Aufschrei
Mutter!

Achter Auftritt

Treten auf Theobald Maske in Trauer und Christian.

THEOBALD *nach einer Pause, während der Christian, gegen die Tür gelehnt, schluchzend steht* Am Schicksal ist nicht zu deuten. Jetzt soll man der Sache ins Auge sehn. Wäre es nicht wie der Blitz gekommen, hätte ich dich vorbereitet. Aber sie war immer für das Überraschende und hat es noch mit dem Tod so gehalten.

CHRISTIAN Wir müssen sie überführen und hier mit gebührendem Pomp...

THEOBALD Auch das ist seit gestern vorbei.

CHRISTIAN Nicht einmal dazu riefst du mich!

THEOBALD Warum sollte ich dir Umstände machen? Und noch dazu wußte ich nicht, ob's dir hier in den Kram paßte. Beerdigung ist immerhin eine offizielle Angelegenheit. Die Sekunde, in der ihr während der ganzen windschnellen Katastrophe schwante, um was es sich für sie handelte, hauchte sie auch: Daß nur Christian nichts davon erfährt. Also ganz in ihrem Sinn. Friert dich?

Christian exit.

THEOBALD Es hat doch Eindruck auf ihn gemacht. Sieh mal an.

CHRISTIAN *kommt zurück, einen schwarzen Anzug über dem Arm. Er kleidet sich während des Folgenden, teilweise hinter einem Wandschirm, um.*
Du darfst jetzt ruhig berichten.

THEOBALD Das ist gleich getan. Sie saß auf ihrer Bank, trank Kaffee, wie sie das so machte, immer das Stück Zucker auf der Zunge. Sie hätte Hitze, sagt sie, und sank hin.

CHRISTIAN *schluchzt beherrscht.* Keine Krankheit vorher, kein Leid?

THEOBALD Nichts.

CHRISTIAN Wie lebte sie letzter Tage? War sie froh?

THEOBALD Man hatte immer den gleichen Eindruck: es ist eben Luise.

CHRISTIAN Wie standest du zu ihr nach jenem Malheur?

THEOBALD Ich habe das nie übertrieben; ihr blieb alles, mit Seltenheit und Regelmäßigkeit geführt, verborgen.

CHRISTIN Du hast damals nicht mit jenem Weib gebrochen?

THEOBALD Sie war mir zu phantastisch dazu. Ich schob es besser auf die lange Bank. So blieb es, nicht aufgebauscht, unwichtig und lief ins Gleichmaß der Dinge. Durch mich hatte deine Mutter letzthin ruhige Tage.

CHRISTIAN Ich werde mit dem Architekten, einem Bildhauer wegen des würdigen Grabmals gleich mich ins Vernehmen setzen. Niemandem kann ich anvertrauen, wie ich an ihr gehangen. Vielleicht findet der Künstler den Ausdruck dafür.

THEOBALD Vielleicht.

Pause, während der Christian noch Zeichen seines Schmerzes gibt und sein Trauerkleid vollendet.

CHRISTIAN Welch trostlose Verkettung der Umstände. Heute hättest du bei dir zu Haus das Telegramm gefunden, das euch zu glücklichsten Eröffnungen herrief.

THEOBALD Du hast uns telegraphiert?

CHRISTIAN Ich erwartete euch mit Ungeduld.

THEOBALD Was ist hier Wichtiges vorgefallen?

CHRISTIAN Kamst du einige Stunden später, du hättest deinen Sohn verlobt gefunden.

THEOBALD Schau! Ist das Mädchen hübsch?

CHRISTIAN Es ist – Gräfin.

THEOBALD Christian! Wo hast du den Mut her?

CHRISTIAN Gehört Mut dazu?

THEOBALD Jeder aus seiner Haut; denke ich aber, du steckst ein wenig in meiner – da hast du einen tollen Satz gemacht.

CHRISTIAN Über uns fort, Vater.

THEOBALD Es ist unheimlich. Und jene?

CHRISTIAN Das ist alles, was du mir dazu sagst?

THEOBALD Aus meiner Natur ist es wie ein Knalleffekt!

CHRISTIAN In ganz natürlicher Entwicklung logische Folge.

THEOBALD Ein subalterner Beamter ich, deine Mutter Schneiderstochter – es hat etwas von einer Gewalttat an sich. Und der Vater Graf, die ganze Verwandtschaft – Junge, du bist verrückt!

CHRISTIAN Was heißt der Unsinn?

THEOBALD Das ist doch toller als alle Komödien der Welt. Da machst du einen ja lächerlich. Kennst du denn gar keine Rücksichten mehr? Einen Grafen habe ich überhaupt noch nicht bei Leibe gesehen. Kann man denn nicht zu dir kommen, ohne daß du das Unterste zu oberst kehrst?

CHRISTIAN Das ist Larifari.

THEOBALD Ein Unglück ist es! Wie wagst du eigentlich, mir das anzutun? Mit Fingern müssen die Leute auf auf mich zeigen.

CHRISTIAN *betreten* Aber ...

THEOBALD Die Seyfferts! Schon deine Mutter war eine überspannte Person. Ich werde närrisch. Habe ich mich doch nicht so, als du damals die Sperenzien mit uns machtest, über den Tod meiner Frau habe ich mich nicht so aufgeregt.

CHRISTIAN Aber Vater ...

THEOBALD *immer erregter* Die Maus mit der Giraffe willst du verkuppeln, Seiltänzerstücke machen, ins Anormalische steigst du ja! Deine Mutter stirbt mir mit sechzig Jahren, ich bin sie gewöhnt, mir war's ein Schlag, aber schließlich flüchtet man in die Natur der Sache. Maskes aber, hier dieser gewisse, allenthalben genau bekannte Theobald und eine ganze Grafenfamilie! Es ist um den Verstand zu verlieren.

Christian hat in Resignation das Florett genommen.

THEOBALD *ganz außer sich* Willst du mich morden? Besser bleibe ich ein normaler Beamter hier auf dem Platz, als daß ich der allgemeinen Belustigung zum Opfer falle. Hast du denn aus der Jugend keine Erinnerung mehr? An unsere Stübchen und den Kanarienvogel; nicht wie wir über den Graben schlurften, und du an unserer Seite den Herrn Kanzleirat ehrfürchtig grüßen mußtest? Was aber kann ein Kanzleirat gegen einen Grafen.

CHRISTIAN *ängstlich* Hör doch zu...

THEOBALD Und wer sind wir erst auf der Stufenleiter? Daß ich nicht närrisch werde!

CHRISTIAN Mir ist deine furchtbare Aufregung unverständlich.

THEOBALD Und die Folgen? Ist dir von unmittelbaren, verhängnisvollen Folgen nichts eingefallen, die jedes Kind sieht? Als du uns beide alte Leute in die Fremde schicktest, schäumte ich vor Wut; allmählich aber sah ich mit Luisens Hilfe eine zwar grausame Vernunft darin, den höheren Sinn des Handels für dich, wenn auch nicht für mich. Und da du es sonst an nichts fehlen, den anderen Teil leben ließest, kam ich zur Ruh.

Er springt auf.

Und jetzt wagst du solchen...

CHRISTIAN Ich unterbreche dich. Sogar ehe an diese Heirat zu denken war, überwältigte mich ein Begehren, das vom Augenblick unserer Trennung an in mir immer stärker geworden ist. Von nun an dachte ich mit euch, da es anders beschlossen ist, mit dir sehr innig gemeinschaftlich zu leben. Ich wollte dich bitten, deinen Wohnsitz überhaupt hierher zu verlegen.

THEOBALD *fällt in einen Stuhl* Das ist klassisch!

CHRISTIAN Du...

THEOBALD Nicht dein Ernst?

CHRISTIAN Völlig. Ich konnte diesen Grad der Abneigung deinerseits nicht voraussehen.

THEOBALD Dein Ernst?

CHRISTIAN Ich begreife nicht.

THEOBALD *auf ihn zu* Wie?

CHRISTIAN *weicht unwillkürlich zurück* Begreife nicht...

THEOBALD Immer noch nicht?

CHRISTIAN Das heißt, verstehe wohl, was du meinst. Halte aber dein Bedenken für übertrieben... teilweise.

THEOBALD Übertrieben?

CHRISTIAN Andererseits...

THEOBALD Übertrieben?!

CHRISTIAN *eingeschüchtert* Natürlich andererseits – wenn wirklich – natürlich. Mein Gott, müßte man eben auf seinen Lieblingswunsch verzichten – schweren Herzens. Auf deiner Teilnahme an der Hochzeit bestehe ich aber unter allen Umständen.

THEOBALD Darauf noch die Antwort: Entweder du machst diesen Vorschlag unbefangen nur so hin, dann bemerke ich: deinen Vater als Clown bei diesem Witz mitwirken sehn zu wollen, ist Unsittlichkeit. Mit einer Gräfin am Arm in meiner Aufmachung durch die Kirche Spießruten zu laufen, später als Mann aus dem Volk lächerlich bei Tisch zu sitzen...

CHRISTIAN Vater!

THEOBALD Danke. Oder du willst an mir niedrige Rache

dafür nehmen, daß ich dich in deiner Jugend meine väterliche Gewalt fühlen ließ, indem du jetzt vor aller Welt mein Selbstgefühl demütigst; vielleicht aber soll diese Einladung gar ein Pflaster für Mutters Tod sein. Nein, Christian, um Gottes willen nicht! Tu für mich, was du bisher getan, und ich bin zufrieden, und willst du mehr, so überlege noch einmal gründlich, was du vorhast. In jedem Fall aber mußt du mich als bestimmte Größe in deinem Lebensplan einstellen: einer, der mit solchen Sachen nichts zu tun hat, dich aber unter keinen Umständen, nicht im geringsten molestiert. Darum bin ich vorhin die Hintertreppe heraufgekommen.

Und nun will ich mir nur noch etwas Garderobe kaufen.

CHRISTIAN Mein Schneider, meine Lieferanten selbstverständlich...

THEOBALD Die sind auf unsereinen nicht eingerichtet. Ich habe andere Quellen. Und abends reise ich heim.

Er nimmt Hut und Stock.

CHRISTIAN *ängstlich* Ein paar Tage solltest du wenigstens bleiben.

THEOBALD Ich sollte nicht! Laß doch den Firlefanz. Warum sprichst du überhaupt nicht in dem alten vernünftigen Ton mit mir? Ungesehen verschwinde ich auf dem Wege, auf dem ich kam, brauchst mich nicht zu bringen. In der nächsten besten Kneipe esse ich etwas. Und kommst du mal vorbei, ihr Grab zu sehen, soll's mich freuen. Bist, von diesem Unsinn abgesehen, sonst ein guter Kerl; läßt einen leben.

Neunter Auftritt

DIENER *tritt auf* Graf Palen!

GRAF *folgt sofort* Marianne wollte zuerst, einem schönen
Drang folgend, es ihnen selbst sagen — sie war sehr glück-
lich — innig beglückt —
Theobald hat den Versuch gemacht, zu verschwinden.

GRAF Bitte mich vorzustellen.

CHRISTIAN *in höchster Verwirrung* Mein Vater... bitte.

GRAF Tiens. Eh das —! Nein das — aber sehr angenehm. Graf
Palen. Sehr erfreut!
Reicht Theobald beide Hände. Und dachte ich immer —
wie kam ich nur darauf? Sah unseren Freund als Waise —
Er lacht. Wahrhaftig! Doch um so angenehmer. Charmant.

CHRISTIAN Mein Vater, von Zürich kommend, wo er lebt,
kündigt mir den Tod meiner Mutter an. So gewinne ich
Marianne im rechten Augenblick.
Er sinkt dem Grafen an die Brust.

GRAF Meine aufrichtige Teilnahme.
Zu Theobald Auch Ihnen, verehrter Herr.

THEOBALD *verbeugt sich* Danke, Herr Graf.

GRAF Ich kann nichts Besseres raten: eilen Sie zu Ihrer Braut.
Inzwischen bleiben die alten Herren beisammen.
Zu Theobald Haben Sie gefrühstückt? Nein? Also auf!
Die Frau, eine Braut ersetze ich nicht, doch was ein anstän-
diges Essen vermag...

CHRISTIAN Mein Vater wollte gleich zurück.

GRAF Aber das muten wir ihm nicht zu.

THEOBALD Frühstücken sollte man in jedem Fall.

GRAF Das ist jetzt mein Ehrenamt. Mit Kondolieren und
Glückwünschen verbringen wir die kürzeste Zeit. Ihr Sohn
hat Sie lange genug unter Verschluß gehalten; bei einer
Flasche Rotspon beschnuppert man sich.

THEOBALD Beschnuppert – ist gut.

GRAF Sagt man nicht so?

THEOBALD *lacht* Ich würde beschnuppert sagen, Herr Graf.

CHRISTIAN *bei Theobald, zischt* Graf!
Zum Grafen Mein Vater will unbedingt mit dem Mittags-
zug heim.

GRAF *energisch* Aber lassen Sie doch endlich! Der alte Herr
muß vor allem ausgiebig frühstücken. Und alles andere
findet sich später. Kommen Sie!
Graf und Theobald exeunt.

Zehnter Auftritt

CHRISTIAN Was war das plötzlich für ein Ton von ihm? Habe
ich einen Fehler gemacht?
Am Fenster. Er läßt ihn vor sich in den Wagen steigen?
Welch umständliche Höflichkeit. – Ich habe einen Fehler
gemacht! Meine Hilflosigkeit, meine Verlegenheit um ihn
hat er bemerkt. Bin ich rot, blaß?
Er läuft zum Spiegel. Ich zittre ja wie Espenlaub!
Er springt auf einen Stuhl am Fenster.
Er offeriert ihm eine Zigarre. Beide lachen übers ganze
Gesicht. Worüber? Über mich? Herrgott, einen furchtba-
ren Fehler habe ich gemacht! Wollte ich nicht auftrumpfen,
habe ich vor fünf Minuten hier nicht geschworen, mich
mit ihm brüsten, rühmen zu wollen? Hatte ich doch den
einzig richtigen Instinkt.
Und nun wird er es Marianne, wird es der ganzen Familie
klatschen, ich wollte meinen Vater verleugnen. Kann er
nicht behaupten, ich hätte ihn ehemals totgesagt? Das
leugne ich ihm aber brüsk ins Gesicht ab. Gegenmaß-
regeln! Schnell! Was?

48

Er läutet. Diener tritt auf.

Setzen Sie die Fremdenzimmer in Bereitschaft. Mein Vater kam an. Dem alten Herrn soignierteste Bedienung.

Diener exit.

CHRISTIAN *ihm bis zur Tür nach* Halt! Wartet man nicht besser ab, was kommt? Vielleicht bekäme man ihn doch noch ohne allzu großes Aufsehen fort. Nein, nein und endlich nein! Wie ich es heute morgen in mir wußte, wie es sich schon bewiesen hat: mit größter Geste muß ich ihn als Außergewöhnliches darbieten.

Sofort in Szene setzen! Von weither vorbereiten! Und es soll die ganze Familie umfassen.

Wenn es nicht schon eine Katastrophe ist.

Er läuft im Zimmer umher. Was werden sie am Weintisch tun?

Was wird er aus dem Alten herausholen? Wenn er, wenn der andere besoffen ist?

Warum bin ich denn nicht mit von der Partie?!

Außer sich. Statt meinem schlichten Kindesinstinkt zu folgen. Ich könnte mich ohrfeigen!

Der dritte Aufzug

Salon eines Hotels, reich mit Blumen geschmückt. Im Hintergrund breiter Vorhang.

Erster Auftritt

Christian im Frack und Orden unter dem Mantel, Marianne im Brautkleid unter dem Überwurf treten auf.

CHRISTIAN Endlich Luft, Ruhe.
MARIANNE Diese Blumen.
   Bei einem Strauß.
   Vaters.
   Sie nimmt eine Karte und liest Für meinen verlorenen Engel Marianne. Und hier – welch himmlische Orchideen! *Liest* Von einer Unbekannten.
CHRISTIAN So? Sentiment. – Was sprach er am Tisch fortwährend mit meinem alten Herrn. Hörtest du die beiden?
MARIANNE Wer soll das sein?
CHRISTIAN Fiel's dir nicht auf? Keiner war für seine Tischdame zu haben. Die dicke Gräfin...
MARIANNE Tante Ursula ist fast taub und hatte schließlich das halbe Essen auf der Serviette.
CHRISTIAN Wer war der Johanniter zwei Plätze rechts von ihr?
MARIANNE Mutters Vetter Albert Thüngen.
CHRISTIAN Der Bengel starrte mich unaufhörlich wie eine Erscheinung an und aß darüber nicht.
MARIANNE Er hat eine richtige Froschschnute; heißt Frosch darum.

CHRISTIAN Seltene Dekorationen waren am Tisch. Bist du mit der Prinzessin so intim, wie sie dich behandelte?

MARIANNE Wir wurden sieben Jahre gemeinsam erzogen.

CHRISTIAN Sieben Jahre. Ihr duzt euch?

MARIANNE Sind doch durch unsere Urgroßmutter miteinander verwandt.

CHRISTIAN Die Erzherzogin?

JUNGFER *tritt auf*
Wollen gnädigste Komtessse sich nicht umkleiden?

MARIANNE Ich bin nun gnädige Frau geworden, Anna.

JUNGFER Gut, gnädige Komtesse.

MARIANNE Aus mit der Komtesse und Albernheiten. Ich verlange Respekt!

JUNGFER *schluchzt* Ja, gnädige Frau.

MARIANNE Was gibt's?

JUNGFER *auf Mariannes Hand gebeugt* Es ist alles so rührend; gnädige Frau gehören uns nicht mehr.

MARIANNE Mir selbst nicht mehr. Mädchenlos. Auch deins.
Beide durch den Vorhang ab.

Zweiter Auftritt

CHRISTIAN *springt an den Vorhang und lauscht nach hinten.*
Diese Anna, das richtige Galgengesicht. Was solche Domestikenbagage hinter Schlüssellöchern auffängt und weitergibt...

DER JUNGFER STIMME ...Sahen überirdisch aus. Der Herr Pastor weinte...

MARIANNES STIMME ...alte Jansen... Unsinn!

DER JUNGFER STIMME ...echte Brüsseler Spitze... nein, Brüsseler in breiten Volants... Rosenknospe...

MARIANNES STIMME ...Ilse Zeitlow hellblau Atlas zum blonden Haar...

52

DER JUNGFER STIMME ... Sah man doch *leiser* ihren Busen mit Absicht.

MARIANNES STIMME Um Gottes willen!

Gekicher, dann Geflüster.

CHRISTIAN *sich näher hinbeugend* Ah! Das Gewisper wie stets und überall. Wo ich hinkomme, erschlägt's das Wort. Flüstern und zu Boden sehen.

Gelächter in Absätzen.

DER JUNGFER STIMME ... Schnurrbartspitzen.

CHRISTIAN Das bin ich! Jener Tag war mein Waterloo.

DER JUNGFER STIMME ... ein bißchen lächerlich.

MARIANNES STIMME Still!

CHRISTIAN Canaille! Hab's schon gehört, Marianne. Doch diesen Abend noch dringe ich in den Tempel deines Herzens und stelle fest, was du weißt.

Neues Gelächter.

CHRISTIAN Nur gelacht, Schadenfreude heraus! Öffne, Viper, alle Ventile in ihre Blutbahnen. Denn nachher spüle ich mein Weib bis zum letzten Molekül rein von deinem Gift.

DER JUNGFER STIMME Es war zu komisch.

CHRISTIAN Nicht so, Äffin, wie du meinst, und noch ist nicht aller Tage Abend. Meine Konterminen sind geladen. Losgeschossen, überdonnern sie alles, was vorher laut wurde.

Es ist hinten ganz still geworden.

Still? Was haben sie jetzt?

Er kniet zur Erde und versucht, unter dem Vorhang hindurchzusehen.

Wäsche, Fleisch und Gesten. Aber ein Wort ist hier not, das Geständnis, wieviel die Welt dir geklatscht, vom Vater angefangen bis zu dieser Laus. Ich habe einen so bedeutenden Plan angelegt, es aus dir herauszulocken, daß es dir schwer werden soll, ein Tittel für dich zu behalten. Du trittst nicht über die Schwelle meines Namens, Weib, es sei denn, derselbe ist ehrfürchtig und gerührt von dir empfunden.

DIE JUNGFER *tritt auf* Darf ich an den Koffer der gnädigen Frau?

Sie entnimmt demselben einen Gegenstand und verschwindet durch den Vorhang.

CHRISTIAN Man ließ mich nicht früher an dich heran, wie man sich selbst verhüllte. Doch heute bist du mir zum Examen ausgeliefert. Mit Finessen will ich rekognoszieren, wo in deiner Familie mein grimmigster Feind sitzt. Er muß mit all seinen Schikanen ans Licht, und sollte ich dein Gewissen bis zum Zerreißen spreizen.

Er stiert in den Koffer.

Was stopfte man dir in die Tasche? Was gibt's in dem Koffer an Büchern? Schmähschriften?

Er zieht ein Buch aus dem Koffer.

Das Neue Testament. Was mag tiefer in den Eingeweiden gegen mich aufgehäuft sein? Das wollen wir bei Gelegenheit bis in die Nieren bloßlegen.

Dritter Auftritt

Theobald im Frack steckt den Kopf durch die Tür.

CHRISTIAN Das ist unerhört!

THEOBALD Nur einen Augenblick.

CHRISTIAN Was gibt's noch?

THEOBALD Zärtlichkeit.

CHRISTIAN Du bist betrunken.

THEOBALD Teilweise. Aber ich bin auch zärtlich. Wollte den ganzen Abend dir einen Kuß hinhauchen, doch erwischte

ich dich nicht. Räsoniere nicht, Bengel. Du bist ein Tausendsasa und ich durch und durch stolz auf dich. Du hast mir alle Vorbehalte von der Seele gerissen wie Papierhemden. Als Sieger bist du über meine Meinungen und Prinzipien hinweggegangen. Ich lebte allzeit von Sprichwörtern: Schuster, bleib bei deinen Leisten und so weiter. Du aber ganz einfach aus dir selbst. Wie du heute mit diesen Leuten umgingst, nicht wie mit deinesgleichen, sondern fast von oben herab; wie sie dich voll bodenlosen Respekts anstaunten, und wie du dir so ein adeliges Hühnchen ins Bett holst, das brachte mein Bürgerblut zum Sausen. Da hast du mich weich gemacht; ich sinke hin an deine Brust.
Umarmt ihn.

CHRISTIAN Leise, sie ist dort. Bist du nicht betrunken?

THEOBALD Teilweise. Aber was ich sage, gilt für voll. Bei Tisch, als alles in Orden prangte, war es dein stolzes Köpfchen...

CHRISTIAN Vater!

THEOBALD Stolzes Köpfchen, mein geliebter Junge, wie ich sage. Unsere Mutter hätte dabei sein sollen. Morgenröte, Morgenröte war mein Gefühl, soll man's für möglich halten!

CHRISTIAN Ist es denn wahr?

THEOBALD In dir ist alles Maskesche um ein paar Löcher weitergeschnallt. Ich seh doch, wie's in den Scharnieren hinaufgleitet. Du hast mich völlig in dir; schweig. Jetzt kommt das Geständnis, eine ehrwürdige Sache. Das sagt sonst ein Vater zum Sohn nicht: Ich bin überflüssig, verschwinde in Versenkung. Meine Beziehung zur Welt, der höhere Sinn von mir – bist du. Wegjagen wolltest du mich. Hattest es schon eher im Bewußtsein, doch mir schien es Gewaltsache mit Feindlichkeiten. Heute ist es ein angenehm glattes Ding: beiderseitige grenzenlose Zufriedenheit. Johanna geht, und nimmer kehrt sie wieder. Glücklich nach Zürich, große Hauptgasse No. 16. Da lebt Maske als Kanzleirat a. D. und stiert begeistert seinen Sohn an.

CHRISTIAN Man kommt!

THEOBALD Laß sie. Wir sind jetzt ein und dieselbe Sache. Mach weiter so und keinen Fehler... Sie haben Mißtrauen, Abscheu, Haß und so weiter; aber sie haben bodenlose Achtung aus Verständnislosigkeit.

CHRISTIAN Das sagst du?

THEOBALD Auf der Basis allgemeiner großer Trunkenheit habe ich mich in ihr Vertrauen geschlichen. Da man das Band des Adlers von Hohenzollern für das Eiserne Kreuz hielt, öffneten sie sich bis in die Eingeweide.

CHRISTIAN Und der Alte? Der Lapsus jenes fatalen Tages?

THEOBALD Da hatte er wohl Verdacht, und er mag in ihm weitergelebt haben. Da aber heute die Tafelrunde; als schließlich ich mich lichterloh an dir entzündete, ergriff ihn die Flamme gleichfalls. Zudem hatte die rührende Taube da drin das Vaterherz schon vorher mürbe gemacht. Es kapitulierte vollständig.

CHRISTIAN Fertig also mit ihnen?

THEOBALD Sie sind hin. Und nun greif fester zu. Nicht nachlassen. Auf meine Art hatte ich stets die Überzeugung von der Bedeutung unseres Stammes. Konnte sie aber nur den Allernächsten mitteilen.

CHRISTIAN Mir!

THEOBALD Und du schnellst uns weiter.

CHRISTIAN Ich spannte den Bogen. In meinen Fäusten klirrt die Sehne.

THEOBALD Ihr den ersten Pfeil. Triff tief.

CHRISTIAN Wir kletten uns fest.

THEOBALD Ins Gewebe.

CHRISTIAN Ich setze den Trumpf auf. Den Trumpf!

THEOBALD *späht durch den Vorhang* Respekt!

CHRISTIAN He?

THEOBALD Hehe!

Beide kichern und fallen sich in die Arme.

CHRISTIAN Maske for ever!

THEOBALD Verstehe, oder so ähnlich, Blutsache!

Er hüpft zur Ausgangstür, wirft Kußhände. Exit.

CHRISTIAN Hier stand Leben auf der Höhe eines Schauspiels. Ein Ziel ward gekrönt. Zerknirschung des Feindes, Verbeugung vor dem Sieger. Abgang durch die Mitte. Aber es kommt noch bedeutender: Probe aufs Exempel, wie weit wirklich die nähere Umgebung hinsank; und dann soll die Frau, auf die es vor allem ankommt, an diesem feierlichen Abend grenzenlose Ehrfurcht zelebrieren. Das muß vor mir ein glattes Hinschlagen sein.

Vierter Auftritt

MARIANNE *in einem Negligé tritt auf* Gefall ich dir?

CHRISTIAN *zu sich* Darauf kommt jetzt nichts an.

MARIANNE Die Spitzen haben eine zärtliche Geschichte. Mutter trug sie an dem betreffenden Abend ihres Lebens.

CHRISTIAN Nichts entspricht.

MARIANNE Ich – keiner aus deiner Vergangenheit? Sag mir alles. Du sollst kein Geheimnis vor mir haben. Die wievielte bin ich, und welche war besonders? Ist ein Gedanke, ein Hauch von einer anderen noch bei dir?

CHRISTIAN Welche Sprache! Wie komme ich da zur Vernunft?

MARIANNE *die Arme um seinen Hals* Einmal mochte ich einen Fähnrich; ich erst sechzehn. Er weiß und rosa mit

blonden Haaren auf der Lippe; weiter wußte ich nichts
von ihm.

CHRISTIAS Was weißt du von mir?

MARIANNE Schließe ich die Augen: Du bist groß und dunkel,
hast breite Glieder und wippst beim Gehen.

CHRISTIAN Ist das wahr?

Er geht vor den Spiegel und macht ein paar Schritte.
Allenfalls könnte man von einem wiegenden Gang sprechen. Rhythmus ist in der Bewegung.

MARIANNE *lacht hell* Und wie marschiere ich?

Hebt den Rock und trippelt.

CHRISTIAN Was sonst noch? Was ich treibe?

MARIANNE Geschäfte.

CHRISTIAN Welcher Art?

MARIANNE Kommt es darauf an?

CHRISTIAN Mit sechsunddreißig Jahren bin ich Generaldirektor unseres größten wirtschaftlichen Konzerns. Kon-
trolliere einen fünften Teil des Nationalvermögens.

MARIANNE Tiens!

CHRISTIAN Das Wort gehört deinem Vater. Sprach er von
meinen Angelegenheiten mit dir?

MARIANNE So hin.

CHRISTIAN So hin. Darin liegt alles.

MARIANNE Ich bin müde.

CHRISTIAN *für sich* Aufforderung zum Tanz.

Laut Zu früh. Bin ich dir nicht ein völlig Fremder, da dein
Vater nicht ernsthaft über mich sprach – wirklich nie, denk
nach! Kam er nicht eines Tages fieberhaft erregt nach
Haus? Besinn dich!

MARIANNE Fieberhaft erregt sah ich ihn nie.

CHRISTIAN Also wirklich nicht! Kurz, es ist Verdienst, steht
ein Mann so jung auf solchem Posten. Wie wenn einer mit
sechsunddreißig Jahren General wäre.

MARIANNE Das kann höchstens ein Prinz.

Sie sitzt auf seinem Schoß.

CHRISTIAN Oder?

MARIANNE Wer?

CHRISTIAN Denk nach.

MARIANNE Ich weiß nicht.

CHRISTIAN Der geniale Mensch. Man wollte im Verlauf dieses Jahres bei einundvierzig Gesellschaften die Emission neuer Aktien im Gesamtbetrage von etwa dreiviertel Milliarde Mark beantragen. Da sagte ich, aus folgenden Gründen sei ich dagegen: Für diese siebenhundertfünfzig Millionen werden dem Publikum in der Hauptsache nicht gefundene Schätze, sondern das Produkt der Anstrengungen rund einer halben Million Menschen mehr geboten, die das Land ermutigt wird, hervorzubringen. Das Aktienkapital der Industriegesellschaften besteht in Hauptsache und Zinsen überhaupt nur aus Menschenmasse und deren Arbeitsresultat. Verstehst du?

MARIANNE *immer auf seinem Schoß* Ich versuche.

CHRISTIAN Gib acht! Ist keine Arbeit da, stopft die Masse den Zeugungsapparat. Wachsen neue Kamine hoch, öffnet man hastig das Ventil. So stehen wir Kapitäne, sagte ich, am Haupthahn der Bevölkerungsdichte und müssen sorgen, daß die geschafften Kapitale dem natürlichen Zuwachsbedürfnis nicht vorgreifen, sondern es äquilibrieren. Verstehst du?

MARIANNE Ich glaube.

CHRISTIAN Eher müssen wir durch Verlangsamung des Menschenproduktionstempos für bessere Qualität sorgen. Da hast du einen kleinen Eindruck, wie ich Nationalökonomie praktisch treibe.

Er hat sie vom Schoß gestoßen und geht aufgerichtet durchs Zimmer.

He? Das ist Klasse, hätte Helmholtz gesagt.

Er faßt Marianne bei einem Knopf ihres Kleides und schüttelt sie sanft hin und her, während er ihr starr ins Auge sieht.

Ich könnte dir noch einen ähnlich fabelhaften Bescheid meinerseits in Fragen der Herabsetzung der Zwischendecksrate bei unseren Schiffsgesellschaften anführen. Die Menschen sind kurzsichtig, und in den Händen weniger ruht das wirtschaftliche Schicksal von Millionen.

MARIANNE Bist du so reich?

CHRISTIAN Ein Krämerwort. Ich habe Macht zu dem Erdenkbaren aus der Kraft meines Blutes. Du sahst nun meinen Vater einige Male. Persönlichkeit! Wie? Schon prägten sich auch in ihm markant die besonderen Eigenschaften der Rasse aus. Nichts überflüssig, höchst zweckvoll alles. Merktest du, wie er heute bei Tisch am allerbedeutendsten zum Glas griff? Schade, daß du meinen Großvater nicht kanntest. Ein tolles Huhn – aber –! Das wächst mir also alles aus Ahnen zu, fand aber doch erst in meiner Person den konsequentesten Ausdruck.

DIE JUNGFER *tritt auf* Wollen gnädige Frau die Brillanten nicht in Verwahrung nehmen? Hier im Hotel – der gnädige Herr vielleicht?

Christian nimmt ein Diadem in Form einer Krone.

JUNGFER Gute Nacht.

Exit.

CHRISTIAN Welch merkwürdige Form eigentlich.

MARIANNE *setzt es auf* Eine Marquiskrone. Aus deren Vermächtnis sie stammt, für die Frauen unseres Geschlechts am Hochzeitstage zu tragen, war eine Marquise d'Urfés, Großtante meiner Mutter.

CHRISTIAN Bon. – Was sagte ich noch? – Aber ich habe eine Überraschung für dich.

MARIANNE *klatscht in die Hände* Zeig!

CHRISTIAN Dreh dich um einen Augenblick, bis ich ausgepackt und bereitgestellt.

MARIANNE *abgewandt* Eins zwei drei –

CHRISTIAN *hat ein Bild, das in ein Tuch gehüllt an der Wand lehnte, freigemacht und gegen seine Beine gelehnt vor sich gestellt.* Jetzt sieh her.
Marianne sieht auf ein weibliches Porträt.

CHRISTIAN Meine Mutter, Marianne, die dich an diesem Tag auch von Angesicht zu Angesicht sehen will. Meine Mutter, die ihren Jungen heiß geliebt.

MARIANNE Welch bedeutendes Antlitz!

CHRISTIAN Nicht wahr. Von Renoir gemalt.

MARIANNE *fliegt Christian an den Hals.* Ich will ihn liebhaben über mich selbst hinaus, deinen Sohn, meinen Christian.

CHRISTIAN Sacht; daß du solches Kunstwerk nicht beschädigst.
Er hat das Bild gegen einen Tisch gelehnt.

MARIANNE Das dichte braune Haar. Deine Farbe. Und solch ein Teint!

CHRISTIAN Sie kam aus einem Jahrhunderte alten Bauerngeschlecht. Wikingersachen werden gefaselt. Sieh den tüchtigen Familienschmuck, die rote Koralle im Ohr. Einer ihrer Altvordern war Amtmann auf Halarö in den schwedischen Schären. Von seiner Begegnung mit Karl XII. existiert eine Anekdote.

MARIANNE Das wundervolle Haar!

CHRISTIAN Es reichte aufgelöst bis in die Kniekehlen. Renoir sah sie eines Tags im Bois de Boulogne. Der Entschluß, sie zu malen, soll augenblicklich festgestanden haben.

MARIANNE Das läßt sich denken.

CHRISTIAN Aber der Anlaß! Das war ja das Allerbeste. Nun

61

knöpf mal deine Öhrchen auf, es kommt das Niedlichste von der Welt. Vater und Mutter also im Bois, nach einem solennen Frühstück in den Kaskaden, spazierend. Eine Flasche Burgunder hatte nicht gefehlt. Plötzlich – die Frau steht wie angewurzelt, weicht nicht von der Stelle. Vater, den grauen Zylinder keck auf dem Kopf – er hat mir die Situation oft geschildert – ruft, lockt – sie weicht nicht.

MARIANNE Was hatte sie?

Christian flüstert ihr ins Ohr.

MARIANNE *hell auflachend* Die Hose! Aber das ist ja entzük-kend! Himmlisch!

CHRISTIAN *aus vollem Hals lachend* Und nun Renoir! Kannst du dir vorstellen; er hat mir das oft erzählt. Aus dem Häuschen, aber aus dem Häuschen. Es soll ein An-blick für Götter gewesen sein.

MARIANNE Die entzückende Frau so in Sonne stehend.

CHRISTIAN Kurz. Er verschafft sich Zutritt in die junge Me-nage und mit ihm ein französischer Vicomte, der die Szene gleichfalls sah.

MARIANNE Wie lange ist das her?

CHRISTIAN Es mag ein Jahr vor meiner Geburt gewesen sein.

MARIANNE Wie das persönliche Erlebnis einem die Men-schen näherbringt. Ich kenne sie jetzt viel besser. Für dei-nen Vater war die Lage nicht angenehm.

CHRISTIAN Der war immer und ist bon garçon mit Sinn für das appetitlich Komische. Er adorierte sein junges Ge-spons und war gleichfalls ganz gefangen von dem Charme der Erscheinung.

MARIANNE Viel Geschmack im Anzug.

CHRISTIAN Darin war sie Meister.

MARIANNE Eine reizende Mode! Wie kleidsam die Kapotte. Und all die himmlischen Frauen, die sich so trugen, sind tot.

CHRISTIAN Ich lasse ihr in Buchow ein Monument errichten.
Er hängt das Bild an die Wand.

MARIANNE Hast du das Gut gekauft?

CHRISTIAN Ich kaufe es. Zu diesem Zweck in erster Linie.
Die Frau war alles in allem etwas so Überlebensgroßes, daß
sie ein Recht auf solche Ehrung hat.

MARIANNE Wie falsch ich die Deinen bis hierher sah. Jetzt
erst habe ich den rechten Begriff von ihnen. Du hast die
Gabe, Menschen plastisch zu machen.

CHRISTIAN Besser gesprochen nennt man's die Fähigkeit der
Begriffsbildung. Was aus der Menschen Mund gewöhnlich
kommt, sind Worte, nur Worte.

MARIANNE Ich brauche Anna noch einmal.

CHRISTIAN Doch nicht wieder das Mädchen!

MARIANNE Ich kann das Kleid auf dem Rücken nicht öffnen.

CHRISTIAN Gib her.
Er fängt an, die Ösen zu suchen.
Worte, unter denen nicht zwei Gehirne das gleiche verste-
hen, durch die man sich also auch nicht von Mensch zu
Mensch restlos verständigen kann.
Marianne gähnt.

CHRISTIAN Die reine Vernunft reißt Gruppen gleichartiger
Gebilde der Erscheinungs- oder Willenswelt in einen Ausdruck hinein, der den Komplex in seinem Wesentlichen
festlegt, und der **Begriff** heißt.

MARIANNE *gähnt* Aha!

CHRISTIAN *knöpft* Überwindung von Mannigfaltigkeit ist
das. Das Unterhemdchen auch?

MARIANNE Bitte.

CHRISTIAN Überhaupt, Marianne, und jetzt höre ernsthaft
zu: Alle Tat, die Menschengeist verrichtet, will schließlich
nur das eine: sie orientiert über das ungeheure Gebiet
umgebender Welt, indem sie Mannigfaltigkeit überwindet.

So: Buche, Eiche, in deren Namen schon vorher die eigene Mannigfaltigkeit bezwungen ist, sind schließlich Wald.

Er ist mit Knöpfen fertig.

MARIANNE Danke.

Sie setzt den Fuß auf einen Stuhl und knöpft die Stiefel auf.

CHRISTIAN Ein Dummkopf würde den Witz machen: man sieht den Wald vor lauter Bäumen nicht.

Marianne geht durch den Vorhang ins Schlafzimmer.

CHRISTIAN Wo willst du hin? Während es heißen muß: man sieht keinen Baum mehr vor lauter Wald.

Er ist ihr gefolgt und bleibt im Vorhang stehen. Wenn du das begreifst, hast du eigentlich die ganze Erkenntnistheorie in der Tasche.

Er kommt nach vorn zurück, sagt laut nach hinten Jedenfalls einen Begriff von der Arbeit eines Gehirns wie das meine. He?

Reibt sich die Hände, zu sich ça marche ce soir.

Bleibt vor dem Bilde stehen und sagt tief ergriffen Meine gute Mutter!

laut Als junges Mädchen machte sie mit Freunden eine Reise in die Vereinigten Staaten und kam von dort über die Südseeinseln, Asien zurück. In Honolulu verliebte sich der König Kalakaua sterblich in sie.

Man hört, wie hinter dem Vorhang jemand zu Bett geht Das war achtzehnhundertachtzig oder einundachtzig.

Er hat sich die Stiefel ausgezogen und dann erst den Mantel abgelegt, so daß er plötzlich im Glanz seiner Orden dasteht. Er hebt die Arme und sieht sich wie wartend um. Pause.

MARIANNES STIMME Was wurde denn aus dem Vicomte?

CHRISTIAN Welcher Vicomte?

MARIANNES STIMME Der die Geschichte im Bois des Boulogne sah und deine Eltern kennen lernte.

CHRISTIAN Ach, der Vicomte! Tja – – der –
Er steht vor dem Bild der Mutter starr. Pause.
MARIANNES STIMME Was wurde denn mit ihm?
CHRISTIAN *zu sich* Donnerwetter!
Er geht durchs Zimmer am Spiegel vorbei. Hm.
MARIANNE Ist da ein Geheimnis?
CHRISTIAN *zu sich* Wüßte ich jetzt – aber natürlich – o gro-
ßer Gott! Da pack ich dich, da schmeiß ich dich ganz,
Komteßchen!
Er geht zum Vorhang und flüstert hinein. Marianne!
MARIANNE *mit erregter Stimme* Ich komme! Sie erscheint im
übergeworfenen Schlafrock.
CHRISTIAN Ich sehe Schicksal in deiner plötzlichen Frage.
MARIANNE Was sagte ich denn?
CHRISTIAN Mit dem Vicomte; was wurde?
MARIANNE Ja.
CHRISTIAN Nie hätte ich die Zähne geöffnet.
MARIANNE Christian! Was denn?
CHRISTIAN Unmöglich! Nie!
MARIANNE Christian! Ich bin dein Weib – habe ein Recht…!
CHRISTIAN Ich bin auch ein Sohn!
MARIANNE Du hast Pflichten vor mir.
CHRISTIAN Aber auch Scham und Ehrfurcht vor der Mutter.
MARIANNE Jener…?
CHRISTIAN Du bekommst kein Wort aus mir heraus.
MARIANNE Der also – der Vicomte…?!
CHRISTIAN *stark* Und ich verbiete dir, für unser ganzes Le-
ben, jemals daran zu rühren; jemals jemanden, auch mich
selbst, ahnen zu lassen, was du vermutest, was du meinst.
Ich heiße Maske und damit basta!
MARIANNE *erschüttert* Heiland im Himmel! Gewiß, ich
schweige. Wie ich dich aber von jetzt ab sehe, das ist meine
Sache.

65

Leise Und mir ist, als ob doch eine letzte Wand zwischen uns niederfällt, als ob erst jetzt ich ungehemmt in dich versänke.

Mit ausgebreiteten Armen vor dem Bild Süße Mutter Ehebrecherin!

An Christian niedergleitend Mein lieber Mann und Herr!

Christians Lächeln und erlöste große Gebärde.

Finis.

CARL STERNHEIM ist seit zwanzig Jahren der am meisten gespielte Dramatiker seiner Generation. Mit der Komödie *Der Snob* hat er, nachdem er Jahre vergeblich darauf warten mußte, seinen Ruhm als Dramatiker begründet und die ersehnte Anerkennung als Bühnenautor gefunden. Das Stück entstammt der Dramenserie *Aus dem bürgerlichen Heldenleben;* die Uraufführung fand kurz vor Ausbruch des 1. Weltkriegs statt, Regie führte Max Reinhardt. Die Reaktionen auf die Uraufführung waren einhellig: Kritik und Publikum jubelten.

Der Snob, Christian Maske, ein überangepaßter Aufsteiger will endlich zu den höchsten Gesellschaftskreisen, zur Finanzwelt und zur Aristokratie, gehören. Um seinem Ziel näherzukommen, bedient er sich skrupellos seines Kapitals. Sein Erfolg setzt aber nicht nur ihn ins Unrecht. Auch die, die seinen Aufstieg ermöglichen, können nicht von Schuld freigesprochen werden.

»Carl Sternheims ›Helden‹ sind Typen, die wir bei allen Gelegenheiten im Leben wiederfinden.« *Franz Pfemfert*

Carl Sternheim wurde 1878 in Leipzig als Sohn eines Bankiers geboren. 1908 zog er nach München und gründete mit Franz Blei die Zeitschrift »Hyperion«. 1912 bis 1928 wohnte er bei Brüssel, in St. Moritz, Uttwil, bei Dresden, wieder in Uttwil. Nach schwerer Nervenerkrankung 1928 und Sanatoriumsaufenthalten übersiedelte er 1930 nach Brüssel, wo er 1942 starb.
Im Luchterhand Literaturverlag sind lieferbar: Das Gesamtwerk in 10 Bänden (1963 ff., auch einzeln zu beziehen), herausgegeben von Wilhelm Emrich unter Mitarbeit von Manfred Linke, der Briefwechsel zwischen Carl und Thea Sternheim: *Carl Sternheim Briefe I*, *Briefe II* (1988), herausgegeben von Wolfgang Wendler, *Bürger Schippel*, Komödie

(1963), *Die Hose*, Ein bürgerliches Lustspiel (1963), außerdem von Egon Karter / Wolfgang Wendler: *Von Liebe noch nicht der Beweis*. Ein Drama um Carl und Thea Sternheim (1995).

Peter Turrini

Die Schlacht um Wien
Schauspiel in drei Akten
1995. 96 Seiten. Gebunden

Im Namen der Liebe
Gedichte
1993. 72 Seiten. Broschiert

Alpenglühen
Ein Stück
1992. 96 Seiten. Gebunden

Tod und Teufel
Eine Kolportage
1990. 96 Seiten. Paperback

Die Minderleister
Ein Stück
1989. 134 Seiten. Paperback

Rozznjogd / Rattenjagd
Ein Stück
1995. 78 Seiten. Paperback

Luchterhand
T h e a t e r

Carl Sternheim

Bürger Schippel
Komödie
1995. 72 Seiten. Paperback

Bürger Schippel, eine Komödie aus dem »bürgerlichen Heldenleben«, erschien zum ersten Mal 1913 und war zu Lebzeiten Sternheims sein erfolgreichstes Stück.

Die Hose
Ein bürgerliches Lustspiel
1995. 120 Seiten. Paperback

»Man wird ›Die Hose‹ in hundert Jahren die spirituellste Komödie unserer Zeit nennen«, schrieb Franz Blei 1910 in der ›Schaubühne‹.

Der Snob
Komödie
1995. 72 Seiten. Paperback

Mit der 1914 uraufgeführten Komödie ›Der Snob‹ hat Sternheim seinen Ruhm als Dramatiker begründet und die ersehnte Anerkennung als Bühnenautor gefunden.

Luchterhand
Theater